U0140334

萬國之道

萬國法律事務所——正式授權

許菁芳——執筆

目錄

第一章

穿越福爾摩沙
Formosa Transnational Transcending Formosa

萬國與台灣同行 —— 瀏覽二十一世紀以來，萬國代表過的案件，參
與過的事件，彷彿再次見證台灣。

第二章

全面服務 Full Service

萬國是一家提供全面服務的大型法律事務所。全面服務的定義其實很
簡單：客戶需要什麼，我們就提供什麼。但這樣單純的宗旨，做起來
卻是複雜、立體、跨時而無邊無際的巨大工程。

第三章

知識就是力量 Knowledge is Power

萬國有強烈的學術性格，掌握知識、尊重知識、喜愛知識 —— 而萬
國的地位及力量，與它的知識密不可分。

推薦序

萬國是台灣的資產

王澤鑑

中央研究院人文及社會科學組院士
台灣大學法律學院榮譽教授、前司法院大法官

　　萬國法律事務所創立於 1974 年 10 月 7 日，經數代的傳承，與台灣同行五十年，秉持創所的核心理念，為台灣法治社會的進步發展做出了奠基性的貢獻。

一、全面性的專業服務

　　律師的任務在於為當事人規劃法律生活，解決糾紛，維護合法權益。萬國法律事務所（以下簡稱萬國）提供了全面性的法律服務，除民事、刑事、行政、仲裁外，尚承辦了許多攸關社會公益的指標性案件，包括智慧產權、醫療、工程、破產等，備受肯定。為了強化律師的專業能力及法學素

養，發行《萬國法律》雜誌，舉辦各種研討會，探討理論與實務的重要問題。此外並設立「萬國法律基金會」、「萬國台大法學講座」，與法學界共同合作，提升律師的職業倫理與服務的品質。

二、司法改革

律師是司法的一環，被稱為「在野法曹」，深知司法的任務及當前台灣司法的問題。司法是法治國家的基石，參與司法改革是律師的權利與義務。萬國長期出錢出力，積極承擔這個關鍵性的任務，與其他民間團體共同創立了司法改革基金會，提出改革的方案，做出了若干具體的成果。司法改革是一個長期發展的過程，深信萬國仍會持續不斷地完善這個法治國家的重要工程，建立一個更為獨立自主的司法，實踐司法正義，增強人民對公正司法的期待與信任。

三、弘揚法治、保障人權

弘揚法治、保障人權，是萬國創所的基本信念及核心價

值，多年來從事各種工作，促其早日實現。在威權時代這需要極大的勇氣與智慧，其具體的成就包括支援各種完善保障人權體制的活動，承辦攸關民主憲政的憲法訴訟，平反冤案以維護人身自由的基本權利。

四、立足台灣、放眼世界

萬國始於本土性的小型律所，隨著台灣經濟發展全球化的過程，逐漸變更其體質及經營策略，成為一家具有聲望的國際性大型律所，承辦國際性投資、產權交易、工程建設、科技發展等的法律管理與實務案件。萬國走向世界，也將世界帶進台灣。

在長達半世紀的期間，萬國提供卓越的專業服務，促成司法體制改革，關注人權保障，塑造律師形象，為法律人共同體（legal profession）樹立典範。萬國之道始於台灣，遍及全境。萬國是台灣的資產，期望能一本初衷繼續為台灣而努力，做出更久遠、更實質的奉獻。

王澤鑑

推薦序

從萬國五十年，談大所律師的角色

張永健
美國康乃爾大學法學院 Clarke 講座教授

　　萬國法律事務所五十周年，別出心裁，委請兼具學者與作家雙重身分的許菁芳教授，撰寫《萬國之道》一書。受到萬國法律事務所邀請寫序時，受寵若驚 ── 吾生也晚，萬國法律事務所比我還年長，我何德何能擔負此重責大任？畢竟，我雖通過律師考試，並在實習後取得律師資格，但沒有在萬國法律事務所工作的經歷，故無第一手觀察心得。不過，身為本書的前期讀者，也是許菁芳教授多篇論文的共同作者、以法實證研究方法關注台灣律師業的研究者，分享幾點讀後感，似不逾矩。再加上，我有許多同窗、好友在萬國法律事務所執業多年，我們「辯學交流」歷經數十寒暑未曾

間斷，久而久之，竟然也對萬國法律事務所略知一二。

閱畢全書，我認為，至少有三種人應該要讀這本書。

第一種人，是正就讀法律系所的學生，或已取得學位正在準備國家考試的考生。我在台灣的法律院系僅有少許的教學經驗，但身為正科班出身的過來人，並長期大量面試、聘用年輕法律人，我發現即使是學習法律數年的學子，都往往對律師執業的應備能力有許多誤解與執念。律師錄取率不高，所以許多學子把大學、研究所的美好光陰，大量投入在解題、猜題，或背法條、釋字、判解。複雜的法律問題被窄化為一個標準答案、一種解題步驟。彷彿，變為成功律師的唯一條件，就是用「背多分」的方式通過律師考試。但是，如果有志於在萬國法律事務所這樣的「大所」（Big Law）執業，如此狹隘的培力方式遠遠不夠。這本書的重要性在於，讓許多萬國律師現身說法，透過書中的案例和小故事，說明「萬國人」這樣的律師，具備何種執業能力（lawyering skills）。

　　首先是外語能力。即使在大學四年後還能維持在高三的英語水準，都遠遠不夠服務外商。不是所有大所律師都必須外語流利，但若工作語言包括強勢或對台灣重要的商務語言如英語、日語，對於拓展外商客戶、取得其信任，非常重要。再來是跨領域解決問題的能力。客戶要的不是國考式的解題步驟，或者「違憲！」、「不合法！」這種單面向的分析結論。反之，客戶要尋找的律師，是能與主管機關溝通、與對造協商的法律代表（legal representative）；是能夠了解客戶財報、洞悉國際經貿局勢、整合各類專家意見的顧問（counsel）。具備台灣律師執照，甚至不是在大所執業的必要條件，更不是充分條件。如果等到通過律師考試才設法培養其他能力，就算不是為時已晚，也是事倍功半。律師業中的藍海策略，是讓律師成為客戶的單一窗口，協助客戶整合、分析其他專業人士（例如投資銀行家、會計師）的意見。但若無法消化其他領域的專業知識，就變成幫其他專業人士打下手。大量的稅務行政訴訟中，代理人是會計師而非

律師，就是一個例子。

　　第二種人，是研究「法律職業」（legal profession）的法律人和社會科學家，以及研究其他議題的法社會學者。坊間關於個別律所或個別律師的專書，偏向傳記；上焉者以有如司馬遷的生花妙筆，讓傳主栩栩如生；下焉者淪為流水帳或起居注。《萬國之道》這本書不是學術專論，放在同樣文類的書籍中顯得特立獨行。許菁芳在《皇冠》雜誌寫過專欄，出過數本暢銷散文集；又在國立大學任教，擁有國、內外法學、政治學、綜合社會科學等不同領域學位，年紀輕輕就在國外頂尖學術期刊發表論文。光是她兼有通俗與嚴肅的五彩筆，就使我在閱讀前萬分期待，她會以何種文體、何種鋪排方式，呈現萬國法律事務所的五十年。許菁芳沒有讓我這個學究型讀者失望；大量的法社會學理論，以低調的姿態串起了萬國人的故事。如果只有故事，讀者難以深刻理解，萬國法律事務所過去五十年的軌跡，對法律業、對台灣有何意義，並對世界其他關心法律職業發展者有何啟示。反之，

如果只有學術論文常見的文獻回顧與掉書袋，而沒有萬國人的現身說法，讀者難以體會理論的奧義。

我的主要研究方法，是強調理性的法經濟分析，和以冰冷數字為核心的量化法實證研究。許菁芳教授的取徑，與我恰恰相反：乃以對人的深度訪談為中心的質性研究。我始終不敢踏入法社會學，因為我天生沒帶感應天線，對受訪者的細微反應毫無知覺，也不會引導受訪者娓娓道來。許菁芳教授訪問了許多現任萬國人，也引用了許多曾經的萬國人；從一定有超過數十萬字的訪問稿中，如何剪裁出數條敘事軸線，怎麼安排理論與故事的先後次序，是質性法社會學研究中最難教、最難學的藝術。有志於此領域學術研究者，可以用「後設」的眼光來讀這本書，思考：「如果是我受邀寫這本書，我會如何鋪排材料？」許菁芳教授在攻讀博士時，就受邀到中央研究院法律學研究所開設質性研究課程，我是她眾多的學生之一。她講得清晰，但我雖然一窺堂奧，始終覺得此種取徑隔了一層難以揭開的面紗。讀畢這本書，我更加

堅信自己不是質性研究的料；但我非常高興，在萬國法律事務所五十年這歷史性的一刻，許菁芳為歷來的萬國人、法律人，留下這本書，記錄台灣法律發展史上重要的一章。

第三種人，是看了台、日、韓、美劇中以律師為主角或配角的情節後，對律師日常感到好奇的大眾。甚至，忙於創業或拓展生意的中小企業主、預計購買預售屋的普羅大眾、曾經捲入訴訟又覺得法律好難的一般人，都可能在讀完本書後，進一步認識律師在國家、社會、商業活動中扮演的角色。本土的法律職業研究顯示，一般民眾往往將律師的角色窄化為打官司的喉舌，乃至於大部分人覺得律師「與我何有哉」，並大大低估了律師服務的價值。抱持此種態度的讀者，必定會覺得本書描繪的萬國人不務正業。其實，許多萬國人的工作，用孔子的話，就是「必也使無訟乎」。無論是幫助企業主遵循法規；協助背負千萬房貸的首購族審閱預售屋契約；代表創作人協商授權、發明人布局專利；萬國人這樣的大所律師，幫助所有人在個人投資和商業往來中避

免行差踏錯、誤蹈法網。一旦訴訟烽火點燃，律師當然會出謀劃策；但律師的最高目標是在法律體系的祝福下，護送客戶到目的地。如果說每年做子宮頸抹片檢查是「六分鐘護一生」，定期尋求法律諮詢，未嘗不是「六十分鐘護一生」？

　　恭喜萬國法律事務所走過艱辛，迎來創所半世紀後的風華。許菁芳教授是書寫律所里程碑的最佳人選，而這本書果然不落俗套、生動流暢；我要向萬國法律事務所的主事者，按好幾個讚。如果說「人如其言」，本書內容正是邁入「知天命」階段的萬國法律事務所，藉此展現自身特色的絕妙好辭，值得所有讀者細細品嚐。

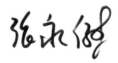

第一章

穿越福爾摩沙

Formosa Transnational
Transcending Formosa

> 萬國與台灣同行 —— 瀏覽二十一
> 世紀以來，萬國代表過的案件、參
> 與過的事件，彷彿再次見證台灣。

萬國法律事務所成立於西元 1974 年 10 月 7 日，今年，慶祝成立五十周年。

從 1970 年代到今天，萬國走過了半個世紀。這半個世紀不同於其他年代，是台灣成為民主法治國家最關鍵的一段時間。

威權民主化，需要的不只是新政黨或選舉 —— 民主的意義，是將政治權力收攏入法律結構，使其服從於具正當性的民選公職人員，並且持續受公民社會監督影響。建立新國家的制度工程，需要整個法律體系根本的改頭換面，重新審

視、鞏固核心價值，設計正式的軌道與機制。在政治實踐中，新的習慣與模式需要建立，形成問責與透明的治理文化。社會也要改變權利意識，隨時以使用者的角度主張、調整、更新規範。

這個過程，是立體而全面的改變，到處都需要法律專業工作者的投入與付出。

萬國的發展貼合台灣的成長。自創所之初，創所律師就投入各種國家改造工程。第二代萬國律師接班後，進一步發揚光大，從律師公會突破，改革能量迅速擴及司法制度與社會扶助。現在，萬國人更是遍及公私部門 —— 在政府與法院、大企業或新創公司，甚至是政黨、社會運動團體，都可以看到萬國出身的律師本於專業與理念，為台灣貢獻。

政治與社會運動百花齊放，律師們無役不與

世界各地都曾出現過律師的集體動員。律師支持司法獨立、言論自由、制衡執政者，往往站在極權統治的對立面。在台灣，律師公會曾經也是黨國控制社會的一環，而

律師爭取職業自主的動能，也跟民主化的趨勢一致。換句話說，台灣律師追求獨立自主的故事，也就是台灣成為民主國家的故事。

萬國從創所之初，就抱持著強烈的社會關懷，積極參與台灣律師的改革行動。早在 1970 年代，就有創所律師參與台北律師公會；他們同時也積極投入「中國比較法學會」的活動[2]，為自由派法律人提供跨職業平台，創造思辨空間。1990 年，台北律師公會的理監事選舉首次由改革派律師獲勝，「文學校律師聯合團」一舉拿下二十八個席次。文聯團「光復」北律後，隨即也入主「全國律師公會聯合會」繼續努力。

在這之後，台灣律師界的轉化，從點到面，快速翻牌，合流於台灣民主化浪潮之中。各種政治與社會運動百花齊放，律師們可說是無役不與 —— 而萬國律師的身影，穿梭其中，處處可見。

1994 年，改革派律師募款聚力，成立「財團法人民間司法改革基金會」，由萬國創所律師陳傳岳擔任籌備小組的

> **台灣律師追求獨立自主的故事，也就是台灣成為民主國家的故事。**

召集人，以此非營利團體承接律師界的倡議動能，針對司法制度，提出全面研究、改革計畫與方案。1995 年，「中國比較法學會」之會員大會正式通過更名為「台灣法學會」，雖受內政部駁回，在一連串行政救濟程序後獲得司法院大法官會議支持[3]，成為第一個以台灣為名之「全國性」社會團體。1997 年，民間司改會發起「為司法復活而走」。陳傳岳律師時任司改會董事長，大遊行當天有五百位律師參與，也有眾多檢察官、法官、學者加入大隊，整體共有四千多人 —— 這是民主化以來，第一次法律人大規模的街頭集會。

1999 年，新任司法院長翁岳生上任，終於召開「司改國是會議」，於七月六、七、八日盛大舉行，討論司法院定位、訴訟制度改善與落實、刑事訴訟與犯罪偵查之改革，以及司法官與律師之人事改革，包括遴選、評鑑、監督與淘汰。2003 年，萬國創所律師范光群出任司法院祕書長，而

萬國新一代合夥人中的顧立雄律師出任台北律師公會理事長；同年，民間司改會、台北律師公會、台灣法學會與其他眾多人權組織、社會團體共同組成「司法改革三法推動聯盟」，即《司法院組織法》、《法官法》以及《法律扶助法》。同年年底，《法律扶助法》於立法院通過，2004年，「財團法人法律扶助基金會」正式開始運作；2011年，《法官法》也終於在朝野協商多年後通過。

至此，1990 年代以來，龐大的司法改革工程落下具體成果，其影響持續發酵中。

參與、見證關鍵政治發展

萬國不只是投入規範改革、建立組織，也謹守律師本業 —— 在個案救濟上，參與、見證了台灣二十一世紀以來的關鍵政治發展。

2000 年，政黨輪替，「黨外」出身的民進黨開始八年執政。萬國承接過的重大政治案件眾多，例如：總統選舉無效驗票案（2004 年）、第一家庭成員趙建銘涉入台灣土地

開發公司股票內線交易案（2006 年），以及總統陳水扁與其家人、幕僚涉入貪污罪名之國務機要費案（2006 年）。

> **萬國不只是投入規範改革、建立組織，也謹守律師本業 —— 在個案救濟上，參與、見證了台灣的關鍵政治發展。**

2008 年，政黨二次輪替。這一輪國民黨執政後期，主權、兩岸、社會與經濟政策上多有爭議，引發疑慮，台灣公民頻繁集結，也出現大規模的街頭抗議。在這段期間，社會矚目案件不計其數，萬國律師曾參與過的案件也不少，例如：全國關廠工人還款案（2012 年）、陸軍下士洪仲丘案（2013 年）；也有不少萬國人在 2014 年的太陽花學運之際，參與義務辯護律師團，與全國上百名律師[4] 共同集結。律師們漏夜排班，不分晨昏 on call，趕往各地警局，陪伴社運參與者偵詢筆錄 —— 徹夜未眠不只是年輕公民們守護國家的集體記憶，也是許多律師的共同經歷。

值得注意的是，由公民社會發起、制衡政治權力的倡議案件，並不只會發生在街頭。2016 年再次政黨輪替，民進

黨執政，期間也曾經出現重大人權侵害疑慮的政策，同樣引發公民社會團體集結，也同樣由義務律師支援。2020 年，行政院內政部提出全面換發「數位身分識別證」（eID）的規劃，有侵害人民隱私之虞，而全面換發之強制性，也欠缺法律明確授權基礎。民間團體組織義務律師團，向法院提出「預防性不作為」之訴訟，透過法律抑制具重大疑慮的政策成形。不久，行政部門決議暫停換發 eID，義務律師團的主張也獲得行政法院支持[5]，而九位律師因此案獲得「2023 年優秀公益律師獎」，其中三位是萬國律師[6]。

　　除了社會運動案件之外，萬國律師當然也持續在政治權力核心的爭議案件中代表相關當事人。例如，2013 年，檢察總長黃世銘率特偵組調查關說案件，涉及當時的立法院長王金平與民進黨立院總召柯建銘；但是，其監聽立法院總機電話，又逕自向總統馬英九報告監聽內容，有違憲違法疑慮，引發軒然大波。此事涉及行政權氾濫，破壞權力分立的制衡機制，是關乎憲法核心的政治案件。

　　而最近的例子，則是 2024 年的現在進行式。日前，由

在野黨掌握多數的國會，通過《立法院職權行使法》之修法，涵蓋人事同意、聽證調查，將藐視國會入罪，有擴張國會權力、侵害人權之虞，而其設計總統國情報告將由立委提問即答，更有改動國家基本體制之違憲疑慮。修法通過後，行政院覆議，而總統、行政院、監察院以及執政之民進黨立法院黨團都向憲法法院聲請釋憲。此案涉及國家憲政根基，萬國律師再次出動[7]——而憲法法院也在短短幾週內，快速回應聲請者的疑慮，以暫時處分凍結諸多違憲疑義條款[8]。

從總統大選到權力分立，從單一當事人的人權侵害事件，到數十萬人上街的社會運動——二十一世紀，萬國律師與台灣共同經歷，在在都是牽涉自由、民主、憲政秩序的重大訴訟。

穿梭於國家與市場之間的行動者

律師不只代表公民面對國家，也是同時穿梭於國家與市場之間的行動者[9]。

為商業活動提供法律服務，本來就是律師的天職：代表

客戶主張個人權利，進而守衛自由市場運作，這是天賦人權
的起始點。萬國代表過的個人、法人客戶不計其數，參與許
多矚目訴訟，有立有破，標誌了台灣發展的一步一腳印。

　　1981 年，位於台北仁愛路圓環的財神酒店宣布破產，
轟動一時。此案備受矚目，不只是因為財神酒店是 1970 年
代的知名五星級飯店，也因為它的產權複雜，共有三百多位
持分者。後來幾經波折，終於由鴻源公司買下所有產權，但
鴻源又意外破產，十五萬名債權人同時成為財神酒店的新主
人 —— 召開協調會議時，因為人數實在太多，還必須借用
林口體育場舉行 [10]。當年，萬國接手這燙手山芋，由范光群
律師擔任破產管理人，歷時三年，終於結束營運，公正地將
債務清理完畢 [11]。

　　財神酒店破產案不只是萬國第一個十年的里程碑 [12]，也
是台灣法律人的驕傲 [13]：我們的法律制度承接得起大規模的
倒債糾紛，而我們的律師，成為了法院與社會可以信任的公
正專業人士。

　　國家發展，不只是規範、制度與人才，也必然包括硬體

"

基礎建設 —— 這也是
萬國深入參與的面向。
例如，興建公路是重大
公共工程，佔地廣闊、

國家發展，不只是規範、制度與人才，也必然包括硬體基礎建設 —— 這也是萬國深入參與的面向。

"

歷時長久、所費不貲。萬國長期代表交通部國道新建工程
局，經手許多工程訴訟與仲裁，以其法律專業協助業主與工
程方處理糾紛，完善台灣基礎建設。能源供應則是另一個
國家的核心需求，台灣中油公司曾經將儲油設備工程交由專
業日商建設，發生契約爭議。萬國也曾從中協助，代表三
菱重工經歷了長達十餘年的訴訟，終至紛爭解決（2002 至
2014 年）。

台灣的經濟發展由國家高度介入市場，政策體現於法律
體系，管制效果發生於個案事件。許多產業指標案件都涉及
國家管制政策，以及國家如何認定市場秩序，防止壟斷，維
護正常交易。萬國參與過很多這類型的複雜案件，協助分析
市場實況，釐清規範與政策目標，並落實在具體爭議當中。

例如，2001 年開放石油進口，台灣油品市場自由化競

爭，萬國代表台塑處理與中油競爭相關的公平法議題。又例如，歷時將近二十年的飛利浦光碟案（1999-2017），涉及專利授權條件之反壟斷審查等，爭議複雜，在國際與台灣都有爭端，是公平交易法上鼎鼎大名的指標案件[14]，萬國也曾代表飛利浦處理爭議。此外，2002 年的「微軟行政和解案」是台灣史上第一件達成行政和解的公平法調查案，其中也有萬國的身影。

近期還有很多案件，涉及經濟發展與環境保護之衡平。例如：2016 年，台塑企業之台灣化學纖維彰化廠申請許可證展延案；2019 年，台中市政府因空氣污染與發電廠事件，甚至延伸出中央政府與地方自治權限區分之憲法議題。在在都是國家與市場交錯的複雜論辯，萬國也都參與其中。

同步國際市場成長，發展更精細成熟的法律服務

隨著台灣經濟實力成長，國內市場生態轉變，國際市場地位提升，企業本身經營運作複雜，對外甚至與國際交手，訴訟糾紛難免，而法律非訟業務的項目與範圍也愈來愈廣

泛。國際市場成長，是立體而全面的變化，需要律師的投入與付出，跟上節奏，同步發展更加精細與成熟的法律服務。

有些案件牽涉的是國際新興商業模式落地台灣，挑戰了原有規範。例如，優步（Uber）原為美國科技公司，透過應用程式調度車輛與司機，提供顧客乘載服務，再跟專業或兼職司機拆帳獲取費用。相對於傳統計程車業，這是前所未見的新型服務，進入世界各國時都曾出現程度不一的法律爭議，在台也有政府管制，甚至施以罰鍰。有些案件則是涉及企業重大意外，牽連眾多跨國行動者。例如，1997 年，聯瑞積體電路廠房發生史無前例的大火，損失高達百億，不只燒掉了原本預期的營收，也嚴重破壞發展目標。聯瑞在台灣、日本、美國提出訴訟與仲裁，釐清責任與補償。

萬國在這些案件中的參與都展現國際規格，在企業落地複雜、多層次的跨國紛爭當中，為當事人引介出路。

隨著台灣科技業的蓬勃發展，萬國也進一步協助了許多知名的國際大戰。有些糾紛，是「台灣升級・挑戰巨頭」，例如：連接器大廠鴻海（Foxconn）控告台灣泰科（Tyco）

侵權（2001 年）；積體電路設計公司威盛（VIA）與美國英特爾（Intel）也有著名的晶片專利侵權官司（2001 至 2003年）。有些糾紛則是「世界大戰‧台灣戰場」，例如：行動通訊裝置巨頭諾基亞（Nokia）控告 IC 設計大廠高通（Qualcomm）壟斷市場（2005 至 2008 年），於全球各地提起訴訟，在台則由萬國代表高通。另一場知名的全球大戰則發生在光學儀器大廠尼康（Nikon）與晶片微影系統廠商艾司摩爾（ASML）之間：兩者在 2004 年簽訂一項專利交叉授權協議，部分專利於 2009 年底到期，2017 年 Nikon 宣布在三個國家對 ASML 提起專利侵權訴訟；台灣是其中一環，在台訴訟最後以和解作收。

有些案件，則是牽涉專業人才流動，攜帶重要產業知識，影響企業競爭。2014 年，大立光電與先進光電兩家公司的營業祕密訴訟，就是一個例子。兩家公司都是蘋果供應商，分別供應給手機與筆電。大立光認為先進光兩項關鍵專利完全同於己，很可能是由離職工程師提供重要營業祕密，因而提出民刑事訴訟並舉發專利。雙方纏訟八年，該案民事

"

部分曾由智財法院重判先進光賠償15.2億，創下台灣智慧財產案史上最高紀錄。

跨國案件中，律師不只提供法律意見或解決紛爭，更見證了台灣在國際市場上地位愈見舉足輕重，一步步成為具全球地位的重要經濟體。

"

　　另一個知名於國際的營業祕密案件，則是由台灣積體電路公司（TSMC）控告前研發人員梁孟松博士，認為梁於離職後加入競爭對手南韓三星（Samsung），對兩大半導體企業的奈米技術帶來具決定性的此消彼長。近期，這類型的案件還提升到國家安全層次，出現「經濟間諜」的刑事案例。2018年，台灣企業聯華電子（UMC）及中國福建晉華集成電路公司在美國被提起公訴，涉嫌罪名除了竊取營業祕密，還有經濟間諜罪；這是台灣公司首次被美國指控涉入「由外國政府或機構幕後支持」的經濟間諜犯罪，也是由萬國代表處理。

　　這些案件中，律師扮演的角色不只是提供法律意見或解決紛爭，更見證了台灣的技術、專業與知識，在國際市場上

地位愈見舉足輕重。萬國見證台灣，一步步成為具全球地位的重要經濟體。

另一條勤耕不輟的社會基礎工程 —— 冤案救援

市場起伏，政治朝代興迭。大環境有所變化，台灣向前邁步，但萬國還有另外一線勤耕不輟的重要戰線 —— 冤案救援，是不論朝野、不分寒暑晝夜的社會基礎工程。

在威權時代，法律規範未以保障人權為第一要務，運作制度的執法人員，甚至是坐在審判席上的法官，也多有濫權違紀之情事。如此背景之下，冤錯假案是系統性偏差的結果，也成為刑事人權與司法改革的對象。是故，有不少重要冤案集結了眾多社會運動團體共同聲援。律師同時著力於個案救援與制度改善，扮演不可或缺的角色。隨著民主深化，刑事訴訟多次改革[15]，人權意識提升，司法工作者已有根本不同，再加上證據鑑定技術日新月異，現在的冤案救援更需要高度專業投入。

律師不只是要掌握案件事實的細節，尋求法律主張的突

破，也必須熟稔制度，與不同政府單位、社會團體乃至於媒體互動，萬國律師始終都參與在這其中。

九〇年代開始、纏訟二十餘年的蘇建和案，是台灣最知名的冤案之一，最後成功平反，無罪定讞。蘇案所牽涉之人力物力甚鉅，救援成功是眾多民間團體與公民社會共同努力的結果[16]。龐大的義務律師團之中，也有萬國律師的身影。萬國不僅出人出力，身為一家大事務所，還出空間。蘇建和案件在萬國的大會議室開會，開了不曉得上百次還是上千次[17]。蘇案定讞之後，還有民事損害賠償訴訟持續進行，律師團繼續交棒，由下一個世代的萬國律師繼續參與。

另一個九〇年代的著名冤案「江國慶案」，是執行死刑後仍成功平反的特殊案件，也有萬國律師投入。現已自司法院大法官卸任的黃虹霞律師，是萬國出身的資深律師，也曾在此案漫長的救援過程中扮演重要角色。2008 年，監察院再次調查江案，黃虹霞律師應監察委員沈美真請求，提供諮詢意見，後來也承接辯護工作，同時司改會也組成義務律師團，請法醫分析鑑定報告，本案終獲判無罪定讞。黃虹

霞律師還參與過另一個知名冤案「古金水案」（2000-2011
年），被告是曾有「亞洲鐵人」美譽的運動員古金水。檢
方認為古金水為了詐領保險金，放置爆炸物於家人乘坐的立
榮客機上；但是，這個說法在飛安報告與現場模擬下都有瑕
疵。該案一審敗訴後，黃虹霞律師開始擔任義務辯護，自費
調查，走訪每個案發現場。歷時十二年後，終於在更二審無
罪定讞。

有些冤案則還在進行中。「呂金鎧案」發生於 1993
年，被告呂金鎧被控涉入一起性侵殺人案件。案發現場遺
留的體液，當年由調查局使用的方法比對（HLA-DQα），
結果與呂金鎧全符合，與本案另一位陳姓被告不矛盾；但
在 2006 年更六審以及更七審時，刑事警察局以最新方法鑑
定（STR），卻推翻了前述結果，只符合陳姓被告 DNA。
此案正由「台灣冤獄平反協會」救援，萬國律師也繼續參與
其中[18]。

有些冤案，則是透過司法制度之外的方式，獲得出路。
2015 年，任職於花東防衛指揮部的韓豫平少將舉辦餐宴，

宴中亦有軍眷參加。該場活動使用加菜金核銷，涉案金額僅新台幣 2880 元、且為支用於軍眷三人，但韓將軍卻因此被控貪污，重判四年。2023 年，

> "創所以來，萬國所經手過的案件、參與的事件、主張的權利、實踐的價值，都是與台灣同行的見證。"

監察院調查報告認為，原判決錯誤解釋加菜金「受領對象」而增加規定所無之限制「餐敘對象不得為民間人士」，且民間人士部分得以主官行政費支付，不能說是不法所有的意圖，進而認定有聲請再審之可能。本案在三審定讞之後，才由萬國律師接手，不只負責訴訟工作，也同時面對媒體、政府單位，獲得輿論一定支持。最後，2023 年 4 月，本案獲蔡英文總統特赦。

萬國的經歷，與台灣同行的見證

回顧萬國過去的經歷，橫幅廣泛，主題多元。從社會邊陲地帶的長年冤案，到高端市場的指標案件；從小蝦米對抗大鯨魚，到專業人才的跨國戰役；再從運籌帷幄的權力鬥

爭，到遍地開花的人民之聲。

每一個案件，都是台灣的一個重要故事；萬國的經驗，展現了台灣立體的發展，多元的樣貌。

萬國的英文名稱是「Formosa Transnational」，有著立足台灣、放眼國際的自我期許。不過，trans- 做為英文字首，也同時有穿過（across）與超越（beyond）之意。從1974 年創所以來，萬國與台灣一同穿越半個世紀 ── 萬國曾經經手的案件、參與的事件、主張的權利、實踐的價值，在在都是與台灣同行的見證。

Formosa Transnational transcends Formosa. 穿越世紀的萬國，與台灣一同穿越關鍵時代。這是美好回文，也是踏實共行。台灣成為民主法治自由國家的旅程，也是萬國成長、茁壯的壯闊旅程。

註 解

1 Karpik, L. and Halliday, T.C. (2011) The Legal Complex, *Annual Review of Law and Social Science*, 7, pp. 217–36. Halliday, T.C., Karpik, L. and Feeley, M. (2007a) The Legal Complex in Struggles for Political Liberalism, In Halliday, T.C., Karpik, L. and Feeley, M. (Esd.), Fighting for Political Freedom : *Comparative Studies of the Legal Complex and Political Liberalism*. pp.1-42. Portland: Hart Publishing.

2 梁妃儀、蔡篤堅，《互信與堅持：萬國三十年的故事》，頁 81-84，記憶工程。

3 司法院釋字第 479 號。解釋文節錄：「內政部訂定之『社會團體許可立案作業規定』第四點關於人民團體應冠以所屬行政區域名稱之規定，逾越母法意旨，侵害人民依憲法應享之結社自由，應即失其效力。」

4 根據司改會統計，太陽花學運系列訴訟涉及 290 名當事人人次，以及 432 名律師人次，官司長達六至九年。報導者（03/15/2024），〈從美麗島到太陽花，義務律師團的信念：透過訴訟和證詞，歷史會留下評斷〉，https://www.twreporter.org/a/318-movement-10th-anniversary-litigators（最後瀏覽日：07/04/2024）。

5 財團法人民間司法改革基金會，〈eID 晶片身分證訴訟〉，https://www.jrf.org.tw/keywords/102（最後瀏覽日：07/30/2024）。

6 陳鵬光律師、吳典倫律師、黃新為律師。全國律師聯合會（09/11/2023），〈112 年 9 月 9 日第 76 屆全國律師節慶祝大會〉，https://www.twba.org.tw/news/eb64490c-6ffb-424b-bb70-356c0b9dcf0a（最後瀏覽日：07/30/2024）。

7 菱傳媒（06/26/2024），〈幕後／「國會職權修法」釋憲暫時處分火速分案　大法官綜整四機關意見最快下周裁定〉，https://rwnews.tw/article.php?news=16086（最後瀏覽日：07/30/2024）。

8 113 年度憲立字第 113200067 號裁定。

9 Dezalay, Y. and Garth, B. G. (2010) *Asian Legal Revivals : Lawyers in the Shadow of Empire*. Chicago: University of Chicago Press.

10 萬蓓琳（06/24/2004），〈財神酒店加入金融大會戰〉，《今周刊》https://www.businesstoday.com.tw/article/post/category//200406240016/（最後瀏覽日：07/24/2024）。

11 梁妃儀、蔡篤堅，同註 2，頁 114-116。

12 梁妃儀、蔡篤堅，同註 2，頁 138。

13 根據郭雨嵐律師回憶，民法大師王澤鑑教授（現為中央研究院院士）曾稱讚此案為「法律人的光榮」：「當時我還是大學生，財神酒店破產一案鬧得沸沸揚揚，教授民法的王澤鑑老師在課堂上提到這個案子，誇獎范律師做得不錯，並認為社會發生這個大的糾紛，可以透過法律程序來解決，並有勝任的人可以擔任這個工

作，這是法律人的光榮。」范光群教授七秩華誕祝壽文集編輯委員會（2009），《致力改革之法律人范光群先生：范光群教授七秩華誕祝壽訪談集》，頁 38，元照。

14　范曉玲，（2006），〈獨占與兼容：產業標準與專利池之反壟斷審查 從飛利浦案所涉聯合行為談起〉，《萬國法律》，145 期，頁 47-60；莊弘鈺（2020），〈論飛利浦光碟案之前世今生〉，《公平交易季刊》，28（1），頁 39-78。

15　1990 年代後，《刑事訴訟法》歷經多次改革。例如：2003 年從「職權主義」改為「改良式當事人進行主義」的基本架構，強化被告受辯護權，增定嚴格證明法則、傳聞法則與例外、交互詰問制度等；2015 年修法加入「發現新事實」做為聲請再審事由，開啟冤案救援的新局面；2023 年修法強化鑑定制度程序保障，嚴謹證據法則。在立法層面，2010 年施行的《刑事妥速審判法》保障刑事被告（尤其被告在押案件）的人權與公共利益；2023 年施行的《國民法官法》提升司法透明度，目的在於增進國民對於司法之了解及信賴，彰顯國民主權理念。

16　1996 年，眾多民間團體集結，針對個案發起遊行，也倡議司法改革行動。當時曾有法官批評法務部暫緩執行死刑是「第四審」，而《萬國法律》第 86 期也發表文章回應，除了不認同這種說法之外，也指出司法以公正審判建立威信的重要性。

17　顧立雄律師訪談（2024/4/12）。

18　本案尚有一個重要的法律爭點：本案為強制辯護案件，然更六審宣判當日，呂金鎧在沒有辯護人在場、也沒有看到判決內容的情形下，直接捨棄上訴。此項捨棄行為是否合法有效，頗有爭議。針對這一點，當時萬國律師蘇孝倫援引德、日、美關於「捨棄上訴」的實務見解，強調被告獲得實質辯護的保障，提出非常上訴請求狀。2021 年，江惠民檢察總長提起非常上訴，「強制辯護案件，被告未事先諮詢辯護人之情形，其所為捨棄上訴之聲明是無效的。」本案後經監察院調查報告，現透過再審聲請程序救濟中。

第二章

全面服務

Full Service

> 萬國是一家提供全面服務的大型法律
> 事務所。全面服務的定義其實很簡單：
> 客戶需要什麼，我們就提供什麼。但
> 這樣單純的宗旨，做起來卻是複雜、立
> 體、跨時而無邊無際的巨大工程。

　　萬國是一家提供全面服務的大型法律事務所（full-service firm）。這是相對於專門事務所（specialized firm）而言，專門事務所從事的是特定業務或法律領域，面對固定類型、需求或發展階段的客戶。例如，專門做專利訴訟的律師、做企業上市的商務律師。而提供全面服務的大型事務所並非如此 —— 這種事務所服務的客戶有大有小，來自各行各業，為了提供業務內容多元的法律服務，律師人數多且專

業能力廣泛。國際上知名而具備規模的法律事務所，都是以全面性服務為目標。

全面服務的第一個面向：協助客戶建立事業

　　全面服務的定義其實很簡單：客戶需要什麼，我們就提供什麼。但這樣單純的宗旨，做起來卻是複雜、立體、跨時而無邊無際的巨大工程。

　　全面服務的第一個面向是協助客戶建立事業：從無到有、從小到大。萬國服務眾多外資企業客戶來台投資，輔佐客戶落地，開啟在台版圖，是「從無到有」的最佳例證。根據《外國人投資條例》，外人在台各種形形色色的投資活動都受規範，必須向經濟部投資審議委員司提出申請。常見者如外資在台設置公司，或外資持有台灣公司的股份、出資、提供貸款，乃至於持股之轉讓、投入資金增減，如何涉入台灣公司的人事與經營，都是外資入場台灣的基礎議題。可以說，外國人在台做生意，從還沒有開門營業就必須有律師的協助。

　　萬國合夥律師洪邦桓謙稱：「我沒有什麼成就，就是幫助客戶完成他的申請。」身為非訟律師，每天的工作就是跟主管機關溝通、跟客戶溝通，為客戶設想，讓客戶充分理解。如果能說服主管機關採取自己的見解，依據當事人需求在時間內取得許可 —— 在核准函批准那一天，他會感覺自己工作上有所成就。當然，這是律師的謙稱；投資核准函看來不過只是一份文件，但法律上的投資許可受阻，幾百億的交易案無法完成，單一地區的停滯就可能進而阻礙全球交易。一份投資核准函雖輕如鴻毛，意義可重如泰山。萬國的深厚經驗在精準度上發揮作用，可以給出條件句：在何種前提、多少時間內，交易能夠完成，資金順利流動，客戶打造新的商業版圖，一個新的世界因而創生。

　　從無到有的意義，不只是在「無」與「有」兩個選項之間移動。事實上，從無到有，是從法律評價的「無」（negative）裡面，思考出路，尋找抵達「有」（positive）的路徑 —— 而抵達的道路，不只一條。自萬國退休的李克和顧問，是美國加州與紐約州律師，能說流利的日文，長期

協助非訟部門的日本客戶。他分析非訟律師的功力深淺，不只停留在法律、法令與函釋，而是要真的能使用法律知識，為客戶找出合法前進的道路。他舉例，如果是藥妝公司有新產品，委託律師了解衛福部食藥署規定，對成分有何規範？如何審核通過？而年輕律師常犯的錯誤，就是問一答一，機械式地告知客戶產品不符合規定。

「Associate（受雇律師）給我這個答案時，我就會找他來，跟他說，如果這樣子服務就可以結束，那不需要律師來做。當事人委託你查詢，其實你要告訴他的是：這個東西依照現行法規，規定是怎麼樣，那你這個能不能做、可以不可以做、有沒有符合法令。接下來你必須要告訴他說，法令雖然是這樣，但是我有跟哪些主管機關做了什麼樣的溝通，這個產品如果是在哪個層面做什麼樣的變動，那麼就有可能。接下來你告訴他：如果這些變動你是可以做的話，那麼你來告訴我。」

換言之，律師不是進階的 Google。查詢現行法規，告知客戶可、否，這是非常表層的法律服務。真正的法律服務

> **非訟律師的功力深淺，不只是在法律、法令與函示，而是要真的能使用法律知識，為客戶找出合法前進的道路。**

不是單純告訴客戶不可以，而是告訴客戶如何可以。知道紅線在哪裡並不是律師的唯一職責；全面服務在於清楚指出紅線之前的空間，並且創造出可行的選項，充分地使用那空間。

創所律師陳傳岳曾以理學上所說，「窮理於事物始生之處，研機於心意出動之時」，來形容非訟案件的特徵。而這正精準說明了萬國與客戶共同「無中生有」的能力，是萬國提供全面服務的起始點。

全面服務當然不止於無中生有；有了事業，還要從小變大。萬國有很多客戶都是台灣人耳熟能詳的大公司，在我們生活中處處可見、息息相關。但這些大公司自然也不是從做生意的第一天就擁有這麼大的規模——而怎麼一步一步輔助客戶成長，也正是全面服務的要義。資深合夥律師林發立就以全家便利商店為例，說明律師如何陪伴企業擴張的不同階段：

全家是一個很好的故事。1988 年，全家才在台灣創業。十幾年後，2000 年，正好是企業要大大的開創，大大的擴充，打破既有藩籬的時候。但它要如何去擴充？也會遇到大大小小的事情。譬如說店要租房子，這些房子到底租約有沒有問題？或者租來以後出了什麼問題？有加盟者對不對？加盟合約設計有什麼樣的問題？展店所產生的法律的問題，還包括公平交易法。這個過程裡頭有好多次產生真實的、社會上的重要爭議，他們也都會來跟我討論。

全家便利超商於 1995 到 2005 年之間，全台共有三十件民事訴訟案件宣判，逾五成的案件（十六件）跟房屋租賃有關[2]，案件遍布全台，對造從物業公司[3]、一般公司[4]、個人[5]，乃至於祭祀公業[6]，確實可以看出超商深入台灣各地，遇到各種類型房東的展店過程。此外，1999 年，全家便利超商也曾受公平交易委員會處分[7]。當時，全家超商慶祝開店十周年，曾經舉辦發票對獎活動，消費者只要持全家超商消費發票就能參加，最大獎金為兩百萬元。這個對獎活動立意雖

好，卻違反了公平交易委員會的規定：為了保護市場公平競爭，任何商業經營者都不能「以利誘或其他不正當的方法」促使消費者來跟自己買東西。

但是，做生意總是會有贈品、贈獎活動，到何種程度算是「利誘」、「不正當」呢？公平交易委員會是以勞工基本工資的 120 倍做為門檻[8]，超過門檻，就會有破壞市場公平競爭的疑慮。當時，這個數字是新台幣 190 萬元[9]，全家超商提供的兩百萬大獎恰好超過，因而受處分。這個經驗，也顯示出企業在爭取顧客、打響名號的時候，大展身手可能一不小心就碰到法律原本劃下的限制 —— 而這也正是需要律師輔佐的時刻。

從另一個角度來看，訴訟糾紛甚至可以說是一種跡象，顯示企業成長已經進入下一個階段，變成一號人物。如同一般人的成長，企業必然是在挑戰、挫折之中發展，而法律訴訟幾乎是不可避免的一種考驗類型。萬國所長郭雨嵐律師長期領導科技法律部，經手無數科技公司的智慧財產訴訟。他說：「在我們 field （領域）有個講法，被大廠告的時候你

要高興，因為你有分量了。」從公司成長的角度來看，訴訟其實是「脫胎換骨」的關鍵里程碑。企業透過訴訟過程，來重新檢驗公司營運的內部流程，找出引致風險的細節，改變模式、建構制度。郭雨嵐說明訴訟的作用：

> 當你在準備一個完整的訴訟案件，他就要逼你檢視你整個 details（細節），從研發紀錄簿等等，這些登錄下來都要堅持。是透過案件才有機會這樣子檢視，因為只有爭鬥才能逼迫你去到非常 detail 的東西攻防。有經驗以後，這要變成你 mental（思想上）的一環，慢慢建構起來，這就是脫胎換骨。

而律師所提供的支持，其實也不止於訴訟。在上述智慧財產糾紛當中，律師協助的是位於防禦方的成長型客戶；但是，對外應付訴訟，守下產品市場只是一個面向。面對公司內部，協助客戶盤點專利布局、教育訓練，也是同等重要的面向。畢竟，裝備足夠、廣泛的專利是此類糾紛的基礎，進可攻、退可協商，甚至以戰止戰。而如何建構完整的專利布

局，就需要萬國律師與專利工程師的團隊來提供專業意見了。

美國著名的政治社會學家查爾斯·蒂利（Charles Tilly）曾提出一個廣為人知的主張：戰爭創造國家[10]。蒂利觀察歐洲現代型國家如何形成，發現戰爭提供關鍵的刺激，使得國家權力集中，並建立制度性的能力。而商場如戰場，訴訟攻防如戰爭。若說企業在應對法律訴訟時，逐步生長出力量，成為一方霸主；那麼，萬國所扮演的角色，也就是造王者。從應戰到備戰，為客戶的營運細節、制度實踐提供法律意見，一步步協助客戶打造出新的王國。

全面服務的第二個面向：跨時性

既然全面服務的核心任務是陪伴客戶一路發展事業，那麼全面服務也必然是長期的，甚至是跨世代的服務。於是，這也成就了萬國全面服務的第二個面向：跨時性。已成立五十年的萬國，當然不乏眾多服務幾十年的老客戶，從創所律師交棒，一路至今仍與萬國維持良好合作。也因此，萬國

有不少特殊機會見證客戶轉型。在協助眾多本土企業世代傳承時，萬國所提供的法律服務不只是解決個案紛爭，也不僅評估風險或預防爭議 —— 萬國做到的，是透過法律來輔佐企業傳承，用自身的專業與可靠的聲譽，獲得老一輩的信任，進而支持經營者選擇深化法律與制度，做為公司發展的基本架構。資深合夥律師林發立分享他的觀察：「老一代台灣企業經營者遇到糾紛，喜歡的解決方式是晚上擺桌。坐下來好好談，大家各退一點也許就算了。他不見得希望靠打官司。」但是，隨著企業成長，規模愈來愈大，第二代要對股東負責，上市後要對一般投資人負責，不再能使用同樣的解決方式。換句話說，對父執輩而言，成本最低、最快、最簡單的方式，為什麼不再適用？

怎麼辦？有時候就只能來找律師，律師可以很清楚的分析給父執輩聽，那種方法表面上好像解決問題，但有什麼事情其實沒有被解決，可能三、五年後會發生什麼問題。如果用現在企業的方法，合約、和解，甚至訴

訟，在這個階段會付出什麼樣的時間成本跟代價，可是可以換到什麼樣的東西。不要小看這件事情。身為二、三代的經營者要講得很具體，要非常多專業分析。官司打下來要多久？影響的金額是多少？這一個東西跟後面的東西的關聯性是什麼？你如果能夠講得很清楚，其實能夠幫助二、三代說服去做他想做的方式。

林律師說，雖然老一輩的人未必了解法律，但他們都很厲害，「他看得懂你這個人，他知道你講的東西真的是一步一步，還是只是虛假的、虛空的，」做律師，提供好的建議，踏實的解決方案能構成一種信任，協助年輕世代接棒，「我們做很多類似像這樣的角色。」

律師其實也像是擺渡人。公司成長，意味著負責任的對象成長，需考量的議題與風險也會成長，從習慣、關係走向規範、制度，這是現代化的一部分。律師工作的本質是降低或控制不確定性[11]，而這正是企業轉型時最需要的協助。面對未知的水域，律師帶給客戶的是掌握船舵的能力：遇到問題，如何解決紛爭？體系如何運作？實務有何「眉角」？客

戶若能更認識紛爭的本質、解決的成本、問題的走向，那麼，也就更能好好地管理未來的發展。於是，律師們擺渡的不只是個別客戶，在一次又一次的傳承之間，也將台灣市場引導往制度更完整的境地。

若跟隨著擺渡人的比喻，一個自然的問題是：擺渡的終點為何？商務世界的發展快速，企業併購或重整，新興產業出現，都意味著舊有單元之裁撤或消亡。律師提供全面服務，其實還有一個面向，是陪伴客戶看潮汐漲落、陰晴圓缺，甚至，下山下車。

有時候是間接地見證蝴蝶效應，協助客戶面對池魚之殃。台灣製造商出口產品居多，若是遇上國外企業破產，債權難以主張，訴訟成本又極高，損失可說是傾家蕩產。2012 年，以網球拍聞名世界的美國王子體育器材（Prince Sports），依據美國破產法第十一章申請破產，進行集團重整[12]。該集團的產品供應鏈其實位於台中：從球拍、球線、球、球袋都在台生產。王子體育破產重整，意味著這些製造商都收不到貨款。合夥律師洪志勳回憶：「受影響的公司非

常多，債權全部加起來有兩千多萬美元。」單一公司要去美國打官司非常昂貴，萬國於是出面，在台中辦了說明會，建議台灣廠商集中資源，一起跟美國律師議價、回收債權。後來，萬國獲得十二家公司委任。團結也幸而獲致好的結果：國際倒債的回收債權比率通常不到一成，但這次，台灣廠商最後拿回了五到六成的欠款，甚至有公司回收了七成債款。是一個成功而幸運的案例。

不過，有時候，特定事業乍看已近夕陽，但未來是要揮手下車還是要奮力重生？

當客戶內部開始覺得某種業務可有可無，「好像要變成夕陽產業」，身為律師，「要怎麼跟著客戶處理過去已發生的爭議，以及因應未來的可能發展？」資深合夥律師范瑞華曾處理電信業界 2016 年的重大案件，公平交易委員會重罰三家有線電視系統經營業者，認為其差別對待新進業者，形成進入市場的障礙，嚴重破壞公平競爭。該案罰鍰合計高達新台幣 1 億 2600 萬元[13]。

這個案件其實碰觸到影視新聞市場的關鍵議題：長期以

來，像是頻道的通路業者總被批評壟斷市場、掌握利潤。創作內容的公司，其產品要抵達消費者，必須要經過通路，也就是必須先讓內容擺入頻道節目、放上系統平台的頻道節目表，然後由通路平台傳播。過程中，頻道業者、系統業者或代理代購業者付出管理銷售成本，也獲得收益、利潤。這一點，從內容創作者的角度看來，也就是利潤被掌握通路的業者分走。當通路業者由少數公司占有市場，其運作邏輯具主導性，也就難免「通路壟斷」的批評、挑戰。這也是公平交易委員會開鍘處分業者的遠因。

范瑞華律師在辦案時，做了很多功課，逐步認識台灣視聽產業。她省思：「以前第四台時代亂糟糟，平台產業從叢林時代進到相對穩固的半壟斷、半寡占模式，其實也與政府的管制有很大關係。而且當時通路業者是不是也賺得飽飽？真的進入這些案子來看，恐怕要註記上問號。」進一步，更需要思考的是：近年來，收看視聽內容的媒介變化之大，已經根本地改變原本通路市場的結構，甚至是邊緣化了原本的主要業者。簡單地說：人手一機的時代，現在誰還看電視

呢？我們如果已經不看電視了，那還能說這些中介者壟斷視聽內容的市場嗎？

律師與客戶同行，參與的未必是客戶風光的極盛期。下山有其風景，有其挑戰。既存產業已成規模，「總是要養活這麼多人，不是你一個人或一件事說你不做，或者降價，就可以怎麼樣。」主管機關認為原有模式有問題，業者也覺得不好，但要怎麼改？在這個個案當中，受裁罰的業者提起行政訴訟，最後於最高行政法院勝訴，巨額罰鍰被法院撤銷確定。只是，一個勝訴沒辦法解決整個產業的問題。范瑞華律師的省思是：「律師處理一個產業一段時間，你會發現，每個個案的勝訴不代表什麼。你解決了這個個案的委屈，接下來呢？做律師如果只做到個案勝敗為止，退休時應該會覺得人生好沒意思 —— 至少我自己 —— 自然而然就會開始跟著客戶去討論後面的事。」

全面服務是簡單、清楚的目標，也是深刻的承諾

律師不只是陪伴客戶行路蜿蜒，見證江湖興迭。律師若

是服務個人客戶，是真的有可能成為送行者。有些法律服務，是在登出人世後才終結——而這類型的送行，也有隨機性。死亡何時來敲門，無人知曉，做律師，要陪伴客戶面對何種後事，也不能選擇。若是遇到白髮人送黑髮人，更令人遺憾。合夥律師高志明分享他生涯中印象最深刻的案件，就是這樣一件憾事——但在最深刻的遺憾裡，竟然找到了深厚的人情與愛。

2017 年 9 月，喜愛騎自行車的日本年輕人白井寬之抵達花蓮，準備參加太魯閣自行車登山挑戰賽。賽前一天，練習試騎時，卻在九曲洞的隧道口被落石擊中頭部，送醫後不幸過世。白井爸爸匆匆從日本飛抵台灣，卻只能見到兒子最後一面。透過日本交流協會轉介，白井爸爸委任高志明律師向公路局請求國家賠償，後來進入訴訟。這個案件有其特殊性，其一是落石可能被認定為天災，其二是白井寬之為日本人，可否獲國家賠償，未有裁判前例。幸而，白井爸爸的請求一路獲得法院支持，從一審到三審，法院都依據對《國家賠償法》當中的互惠條款，肯定日本國民也有在我國請求國

家賠償的權利，最後獲得國家賠償。從法律的角度看來，此案頗具重要性，將來可能成為台灣人在日本請求國家賠償的依據。

不過，對於高志明律師來說，這個案件更深厚的意義是在法律之外的人情溫暖。白井寬之在台灣過世，遺骨從醫院送往車站，一路上，有一、兩百位自行車友自行聚集，為他送行。白井的腳踏車被落石破壞，有當地的自行車行主動修復、寄回日本給家屬。連白井在事故當天投宿的民宿，民宿主人也從監視器裡找出紀錄，把白井蹲在地上修車的影像寄給白井爸爸留念。白井爸爸之後來了台灣幾次，高志明律師陪著他去向這些人一一致謝。記者甚至還找到了當天路經事故現場，一直陪伴在白井身邊握著他的手、等到救護車來的騎士。

人生在世，意外憾事難免。最大的福氣，卻是在遺憾裡經驗到愛。白井的國家賠償案，不只是一個開創性判例（leading case）。它見證的是白井對台灣的喜愛，台灣人的敦厚情意，最終能與白井爸爸的寬宏大度，重寫一場意

> " 律師陪伴客戶從無到有，從
> 小到大，由生到死，也在長
> 長的路途上，多次見證起死
> 回生。 "

外的意義。能代表這個案件，確實是律師生涯中，難忘的送行。

做律師，在法律職業中登峰造極，服務客戶是起點也是終點。所謂「全面服務」，是簡單、清楚的目標，也是深刻的承諾。律師陪伴客戶從無到有，從小到大，由生到死，也在長長的路途上，多次見證起死回生。法律是規範、體系，是要件、效果，給予我們架構、軌道。但真實的市場與人生，似乎遠超乎任何架構與軌道。那麼，真正「全面」的法律服務，是否其實無邊無際？

提供「無菜單料理」

如果你是第一次來到萬國的客戶，踏進這家事務所低調而大器的會客室，坐下來，好奇著，可否請接待律師按項提供一份服務清單，讓你參考？萬國所長郭雨嵐律師會很自信地對你微笑：「我們提供的是無菜單料理。所有你想得

到的事情，我都可以做；所有你想不到的事情，我也都可以做。」

萬國能提供如此全面的服務，關鍵在於：萬國律師掌有的不僅是法律領域內的專業。卓越的全面服務是由法律專業以及超越法律外的專業（extra-legal expertise）所組成。而法律外的專業，更精確地說，不只是其他領域的知識，也是一種心態（mentality）——與客戶同在、為客戶全力以赴的心態。

打開萬國法律事務所的官方網站，不乏具跨領域背景與其他專業資格的律師。現任二十三位合夥人，具有理科與工程背景的合夥人有四位，具專利專業與金融證照者有八位[14]。受雇律師之間，也有具工程學歷、會計師、專利資格的律師，畢業於科技法律研究所的律師更是不在少數。不只一位萬國律師是先具備專業背景，後來才跨行進入法律職業。例如合夥律師呂紹凡，有完整生物學背景，是植物系學士、生化所碩士，同時也有完整法律訓練，在台灣與美國都完成法律學位。又例如，助理合夥律師潘皇維，是以工程師

身分進入萬國，專精半導體元件與製程，對專利業務產生興趣，後來念了法律學分班，通過律師高考，進一步轉換為律師身分，持續服務於萬國。

再以合夥律師陳文智為例。他具備十八項金融稅務證照，從期貨、信託、外匯、授信，到券商業務，在台相關證照齊備，也同時具有美國舞弊稽核師的資格。有意思的是，陳文智律師取得這些證照的自發動力：

> 我沒有特別跟事務所講，因為這就是我很想很想做、很想去了解的。取得證照過程可以學習很多東西，我對股市、期貨很有興趣，考證照有助於我對股市的理解。理解股市也讓我提供客戶服務，問到類似問題時比較容易回答。比如說常有客戶是上市櫃公司，或者客戶要去買上市櫃公司的股權，你如果沒有一點曾經在股市的實戰經驗，給意見很可能方向會完全錯誤。你至少有這些知識，才有辦法跟客戶溝通。

切實的法律意見，是立基於對現實世界的切實理解。協

助企業客戶的本質，是理解資本市場的運作，以法律分析貼合商業活動。具備跨領域的學位，或者專業資格證照，只是一種形式上的表徵。但探究萬國律師的經歷——獲取這些專業，在精進法律服務的過程中，似乎是一種必然。跨域多元的訓練，內裡合一為一份專業，成就一項技藝。超乎法律的專業知識，是要強化高端法律服務的基礎。

以科技知識、專利技術為核心，建構法律服務

從這個角度來看，也就能理解萬國如何運作，以及其如何提供「全面服務」。

進一步以萬國的科技法律部為例，萬國有二十餘位專利工程師、專利師，專長廣布電機、電子、電路、通訊、光學、化學、生醫、材料、半導體、液晶、雷射、觸控顯示技術，有機化學、分析化學、生物化學、分子生物、生化分析、儀器分析、能源材料、光電材料、分子材料，基本上涵攝了台灣高科技與生物醫療產業可能會發生智慧財產爭議的面向。

　　不過，擁有專利工程師這一點，不能說是萬國獨有的特徵。在台灣，若要提供專利服務，一定規模以上的法律事務所大都會設置專屬部門任用工程師。萬國的特別之處，應該是從形式上難以觀察而得的內部互動[15]：

> 　　我們家科技法律部的辦公空間，你會看到律師跟工程師是放在一起的。那邊玻璃屋隨時都有人在開會討論案情，不是只有律師或者只有工程師，隨時都是律師跟工程師一起開會。從空間上就可以看出來，我們要有一群所謂「以專利為核心，以專利的技術、科技知識跟 high tech practices（高科技）為核心」的科技法律部。這樣的結果就是，不管你是高科技產業或是傳統產業，在產業上跟 technology（科技）有關的任何東西我們都可以幫你處理，甚至幫你謀劃。不管有沒有糾紛，有糾紛就幫你處理糾紛，沒有糾紛可以事先幫你在整個 management（管理）上面做安排。

　　有招接招，無招強身。輕描淡寫的一句話，具體說來，其實是洋洋灑灑的法律服務。

在智慧財產領域，以專利為例，萬國的 IP 律師至少可以提供五種型態的具體協助[16]：

（一）取得與維護專利：律師可以為你搜尋技術與專利、實地查核、迴避設計、專利地圖（patent map）、專利監看（patent monitoring）、自由運營（freedom to operate），也包括分析在哪個國家申請與維護專利為宜。

（二）授權專利與交易：以律師身分參與授權談判與轉讓諮商，因其牽涉專利侵權與有效性的分析，也牽涉價值評估與商業計劃，需考慮公平交易法的評價。

（三）商業合作：合作開發、委託開發產品，或研究、委外生產、接受委任生產產品，這些活動不僅是消極地考慮不侵害他人專利，最終也都要考慮生產成果之權利如何歸屬，也要考慮營業祕密如何分享、如何保全，都是 IP 律師可以設計契約與協定來保障客戶之處。

（四）專利管理與保護制度：在公司內部，可以協助建立產出專利的制度、保護專利的人員團隊等。

（五）專利侵害糾紛：侵權糾紛其實是最後一道戰

線 —— 當然，律師也可以協助公司應戰。

從科技法律領域看來，萬國的經營心法，

> **真正從客戶每天從事的工作出發，完全貼合實踐，法律就會像是客戶手腳的延伸一般，觸及所有產業面向。**

是以科技知識、專利技術為核心，建構法律服務。所以，律師與工程師必然要天天一起工作，時時刻刻共同思考。真正從客戶每天從事的工作出發，完全貼合實踐，法律就會像是客戶手腳的延伸一般，觸及所有產業面向。

這個觀念，其實並不限於服務特定產業的企業客戶。在傳統民刑事與行政訴訟的領域當中，整合法律外的專業，以法律架構評價，依舊是律師的關鍵能力。合夥律師陳鵬光指出，訴訟律師的關鍵角色，是一個媒介：「做訴訟律師是要到法庭說服法官。有些案子會涉及法律外的專業，則要思考怎樣很快地吸收法律外的專業，納到法律的體系，用法律的語言去說明、說服法官。」甚至進一步指出規範的偏移、侷限。

「滿意」的概念延續三代萬國人

更擴大來看，超乎法律的專業，在面對外國客戶時，也包括對於他國法律與社會的了解。萬國服務許多日本客戶，所需的法律專業不僅是台灣相關規範與實務，也需要溝通無礙的語言能力與文化智商（cultural intelligence）。

合夥律師洪邦桓以《公司法》為例，說明萬國為日商提供的服務，同時需要了解台灣自身制度，也需要體會日本客戶的想法從何而來：「以公司法為例，台灣有原股東優先認購股份的規定（公司法第 267 條），但日本公司沒有這個規定。他會想，如果人家要併購我，我就發行股份（第三者割當增資），但這在台灣是行不通的。」

高志明律師也提到，由於日本檢察官起訴後的定罪率高達 99%，逼近百分之百，所以如果日本客戶在台被起訴，「就非常緊張，覺得跟死刑一樣。」但是，台灣刑事案件在辯護律師的努力下，成功為被告爭取到無罪判決的案例不在少數，這就是律師與當事人可以努力的空間。換言之，律師不只是分析個案，也必須了解當事人母國的法律實況，對照

台灣差異，提供更多制度運作的資訊。高志明總結：「光知道台灣怎麼樣，你可能沒有辦法很好的讓日本客戶了解，你必須知道日本是怎麼樣、台灣是怎麼樣，才能知道為什麼當事人會對這裡有疑問。」

除了熟悉日、台兩國法律異同，也必須熟悉日本企業在台營運的邏輯與人事結構。日系客戶愛問問題、愛抄筆記出名，不只是出於性格謹慎，主要是源於日企在台的組織設定。李克和顧問分析日本客戶與台灣客戶有根本不同。如果客戶是台灣公司，即使是小企業，負責人也立刻就能做決定，所以非常在意的是結果輸贏。但是如果客戶是日本公司，即使是在台灣的社長，或由日本總公司直接派駐的法務，本質上還是一位承辦人：

> 承辦人最重要的就是，你給他的不是只有結果。他為什麼會問很多的問題，因為這些問題是他必須要上報的。你的服務要讓他能夠滿足，他的問題必須要得到回覆；他必須要以你的回覆告訴總公司，或者是他上面的人，他的上司會決定。承辦的案件進行如何？那你有沒

有盡心盡力？你有沒有在跟律師這邊合作？結果是怎麼樣？

　　公司負責人或者承辦人所需要的資訊、服務，截然不同。律師為客戶設身處地，也必須從客戶所處的組織位置與決策機制出發。李克和總結：「你如果了解他的位置、他的責任，就會了解要怎麼樣讓他能夠對你的服務滿足。」

　　「滿意」顯然是萬國服務日系客戶的關鍵字。這個核心概念，在不同世代的萬國律師口中反覆出現。李克和顧問於1994年加入萬國，2020年退休，是承接第一代創所律師的重要資深世代。合夥律師高志明則是從2000年開始執業，2005年進入萬國，可以算是中生代律師。

　　高志明也很清楚地提到，服務客戶要注重當事人的滿意。尤其涉外律師與外國客戶的溝通，「不光是語言的問題，有時候是文化的問題。以日本來講，不光是民族的文化，還包括企業的文化。」律師具備不同領域、層次的文化智商是服務的關鍵：「你對這個東西的掌握度會影響到你的

法律服務的品質，還有客戶他滿不滿意」──使顧客滿意永遠是服務最終的目的。

> **萬國以客戶的主觀感受為自我要求，進而期許自己掌握多重面向的法律外知識，甚至培養文化與情緒智商來因應外國客戶。**

更年輕的萬國律師也明顯受到這一點影響。合夥律師洪邦桓於 2009 年開始正式在萬國執業，是年輕一代的合夥律師。他回想從受雇律師至今的經驗：「老闆對我們訓練就是『丁寧』[17]地小心呼應客戶的需求，提供一個過程舒服而結果令客戶滿意的服務。」例如，針對日本客戶愛問問題的習性，他用具體的互動細節來說明如何貼心地應對：

> 客戶會想很多，我會先選一些發生可能性比較高一點、可以分析的進行回答，其他不會發生的則告訴他真的不太會發生，但如果你想知道的話我再回答。這樣可以給客戶空間選擇，讓他不會感覺到被拒絕、自己辛苦苦思的東西完全沒有價值。畢竟他為了做這張表格，想了這麼多。這是溝通的技巧。

　　一個「滿意」的概念，竟然貫穿二十餘年，延續至少三代萬國人。法律服務是一種專業 —— 精通法律知識的程度或許還能有絕對的高下之分，但服務如何精進？萬國以客戶的「滿意」為原則，直接以客戶的主觀感受為自我要求，進而期許自己掌握多重面向的法律外知識，甚至還培養文化與情緒智商來因應外國客戶。這確實是萬國成為頂級律師事務所的獨到之處。

服務客戶，是一種認同

　　與法律職業的學術研究對話，所謂「過程舒服、結果滿意」，其實是精闢的洞見。用分析性的語言說，優質的法律服務有兩個元素：結果滿意只是其一，過程舒服是同等重要的其二。這兩要件直指律師工作的兩個主要觀眾：其一為法官，或具有結果決定權的仲裁人、陪審團、主管機關；其二為客戶。文獻顯示，律師在法庭內說服法官的證據所在多有[18]，從普通法系到大陸法系，從最高法院到地方法院，甚至是非訴訟情境的和解協商，律師都可能發揮作用，影響法

律決策的結果。

　　但對外說服具決策權力的人物，並不是律師服務的唯一關鍵。影響律師最深的，不是法官，是客戶。在這個命題當中，像是萬國一樣服務眾多企業客戶的律師，又是相當特殊的一群。以美國為主的研究發現：在律師這一行，服務企業與組織客戶的律師，與服務個人客戶的律師，差異甚大，甚至可以說是各自占據了兩個半球（two hemispheres）[19]。前者不僅相當尊重客戶在案件中的主導權 —— 這一點與服務個人客戶的刑事訴訟律師、離婚律師、處理個人損傷（personal injury）的律師截然不同[20] —— 也高度認同（identify with）客戶。例如，羅伯特・尼爾森（Robert Nelson）早在 1985 年就曾提出觀察，發現服務大企業的律師很少遇到自己的個人價值觀與客戶要求有所衝突[21]。

　　看來，學術與實務在這一點上難得地合流：服務客戶，是一種認同。萬國服務日本客戶的經驗也在這一點上特別有意思：若客戶身為不同國族，服務久了，你甚至可能也會發展出對應於他的文化認同。

　　萬國合夥律師鍾文岳年輕時曾留學京都大學，也長期服務日本客戶。在思考如何獲致客戶信任時，他深思良久，「很難解釋。與人的特質有關，以及，我了解他公司的狀況；當然，語言溝通順暢、沒有什麼隔閡也是。」但或許更關鍵的是，「你的舉止，他不會覺得你是一個外人。」「不是外人」的意思，是覺得律師本人也是日本人嗎？「有一點，有一點這種感覺。」而這種感覺是怎麼發展出來的呢？「就是需要跟他們常常在一起。互動多了，你自然就知道他們的思考邏輯是這樣，然後用他的思考邏輯去跟他講話，他就會覺得很清楚。」

　　法律專業服務如何送達，需要高超的溝通能力。溝通的本質是一種同理，同理來自於同在 —— 於是，一個傑出的律師，為了服務客戶，也自然發展出對應於客戶的身分認同。會說一種語言，不代表真的理解那個國家；服務國際客戶，顯然也需要許多心思與努力，才能真正具備提供優質法律服務的訣竅（know how）。這一點，確實也構成了超越法律外的專業（extra-legal expertise）。

與客戶同在，貼合需求，為客戶全力以赴

於此，法律外的專業，似乎也是一種心態。與客戶同在，貼合需求，為客戶全力以赴。

全力以赴的故事，在萬國，比比皆是。鍾文岳律師分享他早期處理過的一個商標案件：協助一位在台開烏龍麵店的日本年輕人，應訴上市公司南僑指控其侵害商標。南僑旗下有一冷凍麵商品，早在 1998 年就向智慧財產局註冊商標「SANUKI」，即日本香川古地名「讚岐」。2007 年，南僑注意到一位在台日人樺島泰貴開了一家小店，賣讚岐烏龍麵，認為有侵害商標之虞，於是發函警告。當然，站在樺島的立場，把讚岐烏龍麵介紹給台灣人，就像是台僑把嘉義雞肉飯或萬巒豬腳介紹給外國人一樣，實在難以想像這如何可以是專屬單一公司的商標，甚至興起耗資千萬的法律訴訟。於是，透過日本交流協會協助，樺島找到了鍾文岳律師，兩人一起捲袖應戰。

鍾文岳律師說，商標案件就是資料取勝。於是當時竭盡全力，拚命去找人、資料證明，讚岐烏龍麵其實在商標註冊

前已經存在於台灣：

比如說，想到 1987 年太平洋 SOGO 剛開幕的時候，曾經有人在美食街賣讚岐烏龍麵。或者去找當時台灣旅行團去四國玩，四國最小的縣叫香川，去玩時有沒有吃這個麵的行程？看看行程表。那個行程表都登在報紙上，所以我們一起去國家圖書館找當年的報紙，一頁一頁的翻。回來之後，兩隻手掌都是黑的，因為油墨，兩隻手黑到自己都嚇一跳，怎麼這麼黑？

還有到處去問在台灣供應小吃攤或餐廳的烏龍麵條是否使用讚岐，問到一位七十幾歲的老先生，他賣冷藏麵，那種粗的麵條，一般我們坊間在賣的那種鍋燒烏龍麵很多是他那邊供應的。他覺得「我早就在用，為什麼會被登記？」他們都不覺得那個商標可以被登記，所以自己也沒去註冊。現在被登記反而不能用，當然都很氣憤。我們也請他想一下，以前有什麼事情留下記錄、照片，或者他願不願意出證明說他從什麼時候開始賣的。類似這樣。

最後，集結了各種雜誌、報導、電影、型錄、書籍，洋洋灑灑一大批資料，送進法院。鍾文岳回憶，單單影印費就接近台幣二十萬元。

南僑讚岐案一共有十四個商標案件，樺島泰貴跟鍾文岳律師在所有案件都獲勝訴。智慧財產局和法院大幅採用他們的資料。以智財法院 100 年行商訴字第 91 號判決為例，可以明顯看出大量資料確能服人：

> 1988 年 10 月 29 日台北 SOGO 百貨美食街讚岐烏龍麵設櫃照片，在店面看板即明顯揭示「在日本，只要提起烏龍麵，即指『さぬき』此地所生產的烏龍麵而言。現在由其原產地來到此間，生產道地的手打烏龍麵。融合味道、鮮度、彈性、三種特點的古都引以為傲之烏龍麵，請各位顧客務必嘗試之」；1993 年 5 月台北國際會議廳舉辦 JAPAN NIGHT 展之相關資料及照片，得知兩千多人參與的 JAPAN NIGHT 展覽會場上曾發放讚岐（SANUKI）烏龍麵。又附件 10，1999 年 3 月《民生報》刊載之報導內容即指出，「香川縣讚岐地區的烏龍麵，就有如新竹米粉在台灣屹立不搖的地位」；附件

11，1999 年 5 月《 TO'GO》 旅遊情報雜誌於〈探索瀨戶內海風情〉一文提到，「……這趟四國之旅，……讓我們一行人嚐到了道地的當地美食，例如……手工烏龍麵等。」並在文章左下角置有包裝上標示著「讚岐」字樣的烏龍麵實物照片；1999 年 8 月 4 日《民生報》「香川縣的誘惑」報導中提及，「讚岐烏龍麵 QQ 有彈性，提到讚岐，日本人就會流口水啦，因為最有彈性、咬下去還有彈回來感覺的烏龍麵，就是讚岐的名產……」。

獲得第一批勝訴的時候，台北市日本工商會還特意舉行了一場記者會，包括日本主流大報及地方四國新聞等不少媒體，也報導了這個特殊案件[22]。保住了小店，樺島的讚岐烏龍麵店「土三寒六」目前還繼續在台北營業。踏進這家麵店的食客應該很難想像，這樣一碗看似平凡的美味烏龍麵，竟然隱藏了這麼驚天動地的法律大戰吧 —— 而當時，有這樣一位抱持著堅定心情的律師，上窮碧落下黃泉，翻開每一個不起眼的小角落，想辦法保住小店做麵的權利。

以正直為基底，全力以赴

為客戶全力以赴，與客戶同在的心態裡，還可以觀察到一個萬國律師獨有的特點 —— 正直。不只憑藉正直獲得客戶的尊敬與信任，也因為正直，而能夠為客戶以適當的方式弭平紛爭。

為客戶全力以赴，與客戶同在的心態裡，還可以觀察到一個萬國律師獨有的特點 —— 正直。

律師正直的第一個層面，當然就是為客戶伸張權利。助理合夥律師李維中談到他向合夥律師黃三榮學習，就是全力以赴，想辦法為客戶突破。「有時候收到案件顯然就很不利。可是黃律師就會要求我們一定要再去想想看有沒有什麼突破的點，跟基於你自己的確信，這個案子依照現在法院見解就真的這麼合理嗎？有沒有什麼不合理的地方？」當然，律師能做的畢竟有限，不是說一定要完全翻轉案件，「可是任何事情當事人如果不服這個判決，他覺得受委屈，總是有個原因在，律師的工作就是要想辦法理解他受委屈的地方，盡力幫他去想在法律上可以爭取的餘地。」

　　但有意思的是，正直的律師，有時候反而會跟客戶步調不一致。事實上，感情深厚不一定是一帆風順，雙方關係可能是從忠言逆耳開始。合夥律師汪家倩談及她印象深刻的客戶，是一位性格強勢的老闆，他委託萬國掌理公司事務，過程中雖然很重視律師的意見，但「比較像是把律師當成比較尊重的部下」。常常是律師拉著他、勸阻他，感覺像是澆冷水。

　　某次訴訟，客戶情緒激動，認為對造扭曲事實，甚至影響到客戶的個人生活。一氣之下，客戶說了氣話，打算在各個層面都豁出去。汪律師深感遺憾，她決定多做一步，婉言提醒：「對方只是搞你的事業，你卻自己要把生活都奉送、賠進去，這種自毀，站在旁邊看非常難受。」汪律師把她在法律之外的觀察與感受，讓客戶知道。接下來，奇妙的變化發生了：

　　　　後來，客戶有回應了，大致是說理解我的想法。很奇妙的是，在這次提醒之後，我們的關係就改變了，變

得非常通暢。感覺就是非常寬廣。之後給他的建議，他都能聽進去。我好像跟他站到同一邊了。甚至後來在處理更困難、更複雜的事情時，他也能注意、察覺到自己的狀態，能夠更平衡地處理事情。

與客戶分享心裡話，這當然不是律師的專業工作。但是，法律服務終究是一份服務人的工作。萬國律師為客戶全力以赴；但是，全力以赴是以正直為基底。紛爭解決不是攻擊、不是報復，當然也不是自我毀滅。在陪伴客戶走過重大關卡的時候，正直不僅是為了律師自己的良心，事實上，也是守護客戶的護欄。這份守護的善意，雖然可能逆耳，卻也可能在關鍵時刻照亮道路，消融偏見，讓律師真正成為客戶翼下之風。

鍾文岳律師分享的另一個經驗，也同樣是以正直為基底，緩和而弭平了長期無解的紛爭。鍾文岳與某日商企業主管認識多年，一日，在社交場合跟鍾律師提起一件已經卡關數年的案件，尋求意見。鍾律師了解案件情況後，認為訴訟

贏面不大，以和解為佳；尤其這位主管屆齡將退休返國，也希望能在返國離開之前了結此事。於是：

> 我試著打電話給對方聯絡看看，跟他解釋這個狀況。對方負責人也很氣憤，說這是個這麼小的事情，搞了三年多都解決不了。我就說，那不然我帶著他去跟你道歉，看這個事情要怎麼和解掉。後來我說服客戶，帶著客戶去跟他和解，真的一次就和解了。客戶事後也說，一個三年都無法解決的案件，你一來大概不到兩個月就處理完了。

能以終結者（closer）的角色進入僵局，並獲致雙方都能接受的結果，並不是偶然。鍾文岳在處理這次個案之前，跟雙方都有長期互動，也是受尊敬的專業人士。更重要的是，他是以正直的態度來思考問題：「之前的人或許必須堅持自己沒錯，但換一個人來，我沒有那種包袱，我就認錯、去和解掉就好了。」一道歉，偃旗息鼓，僵局轉化，和解金額其實低於訴訟成本。

　　律師工作的本質，是提供法律服務。而「全面服務」
（full service）是所有大型法律事務所都追求的目標。但全
面服務的內涵究竟為何？觀察萬國與客戶之間的關係，全面
服務果真變化無窮 —— 從無到有，從小到大，由生到死，
甚至起死回生。因為律師服務的是人與市場，都是變化多端
的主題。

　　那麼，全面服務如何可能？律師的全面服務，不只是專
精法律規範與實務。兼備法律專業，以及超越法律外的專
業，才能真正全面性地支持客戶的需求。甚至，後者是精
進、輔助前者的必要條件。擁有廣泛的業界經驗、技術知
識，才可能貼合客戶的需求，如舒適的衣物般，保護客戶所
有接觸外界的感官，延展覆蓋伸展出去的手腳。

　　不過，全面服務的內裡，其實還有一種特質，就是正
直。一位正直的律師，才能擁有超乎法律專業的判斷與眼
光，也具備比訴訟更多的紛爭解決工具。正直做為一種執
業理念，於是成為律師全面服務的核心支柱 —— 而萬國律
師，展現了這獨特的作風。

註 解

1 梁妃儀、蔡篤堅，《互信與堅持：萬國三十年的故事》，頁 174，
　記憶工程。

2 37 件民事訴訟案件，按宣判時間：台灣高等法院 93 年度重上字
第 60 號民事判決、台灣台北地方法院 94 年度除字第 842 號民事判
決、台灣高等法院 93 年度上字第 880 號民事判決、台灣台北地方
法院 93 年度除字第 2736 號民事判決、台灣台北地方法院 93 年度
除字第 1799 號民事判決、台灣台北地方法院 93 年度訴字第 558 號
民事判決、台灣台北地方法院 93 年度簡上字第 64 號民事判決、台
灣台北地方法院 93 年度除字第 1056 號民事判決、台灣台北地方法
院 92 年度簡上字第 277 號民事判決、台灣台北地方法院 89 年度訴
字第 4504 號民事判決、台灣台北地方法院 92 年度除字第 1392 號
民事判決、台灣台北地方法院 92 年度除字第 932 號民事判決、台
灣台北地方法院 91 年度簡上更字第 1 號民事判決、台灣台北地方
法院 91 年度除字第 3835 號民事判決、台灣台北地方法院 90 年度
重訴字第 2249 號民事判決、台灣桃園地方法院 91 年度簡上字第
103 號民事判決、最高法院 91 年度台簡上字第 24 號民事判決、台
灣高雄地方法院 91 年度訴字第 417 號民事判決、台灣台北地方法
院 88 年度簡上字第 471 號民事判決、台灣台南地方法院 90 年度訴
字第 1650 號民事判決、台灣台北地方法院 90 年度訴字第 5544 號
民事判決、台灣台北地方法院 90 年度除字第 4667 號民事判決、

台灣台北地方法院 90 年度 除 字第 4265 號民事判決、台灣桃園地方法院 90 年度簡上字第 114 號民事判決、台灣台中地方法院 89 年度簡上字第 532 號民事判決、台灣台中地方法院 89 年度訴字第 291 號民事判決、台灣台北地方法院 89 年度簡上字第 151 號民事判決、台灣台北地方法院 88 年度小上字第 51 號民事判決、台灣台南地方法院 88 年度簡上字第 279 號民事判決、最高法院 87 年度台上字第 580 號民事判決。

3 例如，台灣高雄地方法院 91 年度訴字第 417 號民事判決。

4 例如，台灣台北地方法院 88 年度簡上字第 471 號民事判決。

5 例如，台灣桃園地方法院 91 年度簡上字第 103 號民事判決。

6 例如，台灣高等法院 93 年度重上字第 60 號民事判決。

7 行政院公平交易委員會處分書（88）公處字第〇六五號。

8 公平交易委員會「處理贈品贈獎促銷額度案件原則」第 4 點：「事業辦理贈獎，其最大獎項之金額，不得超過行政院勞工委員會公布之每月基本工資的一百二十倍。」

9 1999 年，行政院勞工委員會所公布之每月基本工資是新台幣 15,840 元，其 120 倍為新台幣 1,900,800 元。

10 Tilly, C. and Ardant, G. (1975) The formation of National States in Western Europe. Princeton, N.J: Princeton University Press.

11 Flood, J. (1991) Doing business: The management of uncertainty in lawyers' work, *Society Review*, 25(1), p. 41.

12 U.S. United States Bankruptcy Court for the District of Delaware case: Prince Sports, Inc., Case No. 12-11439 (KJC) (2013).

13 105 年 11 月 2 日公處字第 105120 號處分書、105 年 10 月 31 日公處字第 105118 號處分書、105 年 10 月 31 日公處字第 105119 號處分書。請參考：105 年 10 月 31 日公處字第 105118 號處分書；105 年 10 月 31 日公處字第 105119 號處分書；105 年 11 月 2 日公處字第 105120 號處分書。

14 在合夥律師之間，同時具備專利師資格的合夥律師有四位：郭雨嵐、林發立、鍾文岳與高志明；具專利代理人資格的合夥律師有陳傳岳、郭雨嵐、林發立、鍾文岳、高志明、呂紹凡、汪家倩、王孟如；合夥律師洪志勳同時也是專利工程師；而合夥律師陳文智則如內文敘述，具備有企業評價師與舞弊稽核師等多項專業證照。若擴大到萬國整體，具備專利代理人資格則總共不下三十位，專利師也多達十餘位。

15 郭雨嵐律師訪談（2023/10/27）。

16 郭雨嵐（2009），《專利侵害處理策略 —— 贏的策略與實務》，頁 55-56，經濟部智慧財產局。

17 丁寧（ていねい）：意指有禮貌、鄭重其事；細心周到。

18 詳細的文獻回顧請見 Hsu, Ching-fang and Chang, Yun-chien . (2023) Lawyering behaviours in the private sector, in *The Oxford Handbook of Comparative Judicial Behaviour,* edited by Lee Epstein, Gunnar Grendstad, Urška Šadl and Keren Weinshall. Oxford University Press 必須指出的是很多實證研究是本於相關性分析，只有少數是具因果推論的研究設計。

19 Heinz, J.P. and Laumann, E.O. (1994) Chicago lawyers: The Social Structure of the bar, *Evanston, Ill*, Chicago, Ill: Northwestern University Press; American Bar Foundation.

20 Mather, L. (2003) What Do Clients Want? What Do Lawyers Do?, *Emory Law Journal*, 52, pp. 1065–1086.

21 Nelson, R.L. (1985) Ideology, practice, and professional autonomy: Social values and client relationships in the large law firm, *Stanford Law Review*, 37(2), p. 503.

22 セージ弁理士事務所（10/9/2019），https://sageip.jp/blog/taiwan-sanuki/；行政書士 立花技術法務事務所（01/31/2020），〈知的財産権講座第 241 回：台湾で「さぬき」商標登録無効〉，https://tachibana-office.net/titekizaisankenkouza247/；日本經濟新聞（12/08/2010），〈台湾企業が登録の「讃岐」の商標抹消　現地当局〉，https://www.nikkei.com/article/DGXNASDG08043_Y0A201C1CR8000/；ドリームゲート事務局（01/01/2011），〈会社経営に必要な法律 Vol.19「さぬき」が台湾で商標登録〉，https://

www.dreamgate.gr.jp/contents/column/c-legal/42100；一般社団法人 日中商標権情報センター，〈台湾商標登録の保護対象のもの〉，https://www.chinalogo.or.jp/knowledge2/2013/07/post-26.php；清貧生活 絵日記です（09/01/2023），〈台湾、「さぬき」商標権末梢〉，http://murawski.sblo.jp/article/178466265.html（最後瀏覽日：07/04/2024）

第三章

知識就是力量

Knowledge is Power

> 萬國有強烈的學術性格，掌握知識、
> 尊重知識、喜愛知識 —— 而萬國的地
> 位及力量，與它的知識密不可分。

　　律師是以專業知識立足於社會的行業 —— 但並非所有法律工作者都熱愛知識。萬國是一所學術性格強烈的事務所，不僅掌握法律知識，深刻地尊重知識，也真誠地喜愛知識。愛智，成為萬國創新的動力，為萬國帶來力量，累積為深厚的基礎，成就萬國不可取代的地位。

　　以律師事務所來說，萬國真是喜歡出書。自西元兩千年以來，萬國陸續出版過：《智慧財產訴訟新紀元》（2009）、《工程法律探索》（2009）、《商標法律實務大

表一：2009 年以來，萬國出版過的書籍

出版年	書名	説明
2009	◆《智慧財產訴訟新紀元》 ◆《工程法律探索》	介紹台灣智財訴訟新制的專書 萬國工程法律實務經驗結晶
2015	◆《商標法律實務大解碼》	少見自實務案例出發的 IP 法律書籍
2019	◆《台灣 IP 法制近十年發展》 ◆《紛爭解決、公私協力、保密與競業》 ◆《近年台灣公司經營法制之發展》	創所 45 週年時，選擇以書籍出版作為紀念
2019	◆《台湾会社への投資・経営の法務：実務上よくある質問に答える》	全日文的公司治理實務
2022	◆《問鼎：經營權攻防策略》	長期參與公司經營權的重大訴訟集大成
2022	◆《迎向超高齡社會的超前部署：Let's Do ATP》	萬國關心高齡社會的成果
2023	◆《認知症者之權利保障論 ── 認知症之法律處方箋》	
2024	◆《ESG 與現代法律實務 ── 律師想早點告訴你的事》 ◆《無爭》	社會企業責任實務議題 家族傳承的藝術

解碼》（2015）；在創所四十五周年時，也選擇以書籍出版

做為紀念，出版有《台灣 IP 法制近十年發展》（2019）、

《紛爭解決、公私協力、保密與競業》（2019）、《近年台灣公司經營法制之發展》（2019），甚至還寫了一本全日文的公司治理實務《台湾会社への投資・経営の法務：実務上よくある質問に答える》。萬國長期參與公司經營權的重大訴訟，則是以《問鼎：經營權攻防策略》（2022）集大成。而萬國關心高齡社會的成果，也出版有《迎向超高齡社會的超前部署：Let's Do ATP》（2022）以及《認知症者之權利保障論 —— 認知症之法律處方箋》（2023）。

創所五十周年，出版社會企業責任的專書《ESG 與現代法律實務 —— 律師想早點告訴你的事》（2024），另有以家族事業傳承為主題的《無爭》即將出版。

經驗寶貴，卻不藏私

翻閱這些專書，可以清楚看見萬國的關懷，是以務實的態度出發，提供能真正被讀者所用的法律知識。

首先，以編排架構看來，專書經常以「問答」方式寫成，直接分析實際問題，且涵納面向完整，使用者能夠立即

採用，也能參閱不同階段的營運議題。《紛爭解決、公私協力、保密與競業》是最典型的一本出版品[1]，全書以 115 個問題組成，從公司營運、競爭與開發，再到應對政府與員工，全部都是企業客戶心中的疑問。

一問一答間，彷彿可以感覺到萬國律師坐在會議桌的另一邊，細說法律規範，介紹實務見解，詳列不同層次的法律工具如何可以解決眼前的問題，而行政機關的函釋命令如何適用，法院又針對重大問題做出何種決定。除了介紹重要判決之外，也分析法院見解的趨勢，甚至介紹外國法演變，幫助我們理解法院可能如何繼受 —— 在在都是為讀者裝備法律知識，在最短時間內，最有效率地獲取足夠資訊。而且，萬國專書並不賣弄。並不因為問題簡單就直接略過，但簡單的問題就用簡單的答案回覆[2]。

其次，更重要的是，在串接法律規範、函釋命令、判決見解之後，專書內往往會提供重要的技術訣竅（know-how），尤其是給予建構制度的建議。像是哪些建議呢？在最技術的層次，萬國專書會直接放上參考清單、檢核表格、

文書範例。以《近年公司經營法制之發展》為例，收錄了一篇〈營業祕密檢核表〉[3]。這篇文章是在介紹法務部所發布的說明，提供給實際偵辦營業祕密案件的檢察官參考。當公司要主張自己的營業祕密受侵害，去了解檢察官如何看待、處理這類案件，顯然至關重要。法務部的說明裡有一份附件，名為「釋明事項表」，本質上就是一份檢核表，讓主張權利者依據這個架構來提供資訊。這篇文章不只停留在我國偵查實務如何進行，也納入美國司法部的檢核表，同樣讓讀者可以思考如何主張營業祕密受到侵害。兩相對照起來，這篇名為「檢核表」的文章，立刻就能為讀者所用。

萬國專書也會提供概念層次的建議 —— 即如何設計契約、流程與制度，以避免或處理特定問題。以《工程法律探索》為例，在逐項討論實務問題後，書中往往會附上契約條文，讀者可以直接參考，預先設計紛爭的解決方案。例如，像是〈工程契約終止與逐離接管相關爭議〉[4]這篇文章，先詳盡說明法律如何評價契約終止，合法事由之內涵與爭點，再進一步討論終止工程後要處理的人、事、物與時間流程。

行文間，不時引用國道新建工程局的工程契約範本，直接有條文依據，幫助讀者理解契約如何管理、規範這些問題。全書讀來，不只工程業者，有心想處理工程爭議事件的法律工作者，也都能具備良好知識基礎。

事實上，萬國專書的建議從來不僅止於技術或概念層次，也樂於分享心法。同樣以《近年公司經營法制之發展》中討論營業祕密的文章為例，〈競業禁止行不行？企業如何保護營業祕密及核心資產〉一文即揭櫫，營業祕密的本質是資訊，公司必須掌握「將資訊轉化為資產」的原則，才能真正保護自己的各種智慧財產。這樣簡單扼要的一個原則，卻可以變化出四種執行方式[5]，以及成千上百種具體做法。該文即進一步分析四大面向，建議公司盤點產出的資訊、分類為不同型態與等級的機密，再建立管理制度，最後思考如何從最高的願景、文化角度，維護公司的發展。從這篇文章當中可以看見一個廣大的藍圖，清楚的治理規劃 —— 萬國從不吝分享最上位的理念思維。

大師不吝分享，不怕人學，因為好東西不需競爭，值得

> "
>
> **台下十年功只能練,學不走,如果學得會,又肯練,世間多一個高手,台灣多一家制度完善的好公司,豈不很好?**
>
> "

所有人一起享受;況且有了藍圖,還要建設。台下十年功只能練,學不走,如果學得會,又肯練,世間多一個高手,台灣多一家制度完善的好公司,豈不很好?讀這些書,感覺像是用幾百元買了價值百萬的法律諮詢。任一章節,都是上百個計費小時(billable hour)的心血。法律真的很難,但萬國盡力為讀者提供捷徑,用最素樸、直接的方式,給出專業分析。

不過,愈是體會萬國專書的美好,愈令人好奇:萬國為何在繁忙業務之外,仍然願意花時間精力整合材料,針對一般讀者,從頭寫一本書?資深合夥律師黃帥升以《問鼎》為例說明:

> 萬國的核心能力是憑藉優異的法學素養,處理重大複雜的訴訟。以經營權爭議為例,前階段是股東會布局,接下來可能是假處分攻防,之後就開始打民事訴訟或刑事訴訟,萬國的核心競爭力就是擅長處理此類複

雜的訴訟。我們團隊於處理經營權爭議案件累積相當經驗之後，看到了一個模式，可以體系化，就撰寫了《問鼎》這本書，做為一個階段性成果，因此也能將經營權攻防訣竅與企業分享，並建立事務所在此領域的專業聲譽。從辦案、掌握核心智識，到出版專書，整個知識體系化的過程，差不多要十年的功夫。

台上一分鐘，台下十年功。讀者手上拿的一本書，是智慧的結晶 —— 是上百位律師幾千個小時的思辨攻防，也是各方業主血淚交織的實戰歷歷。萬國深知經驗寶貴，卻不藏私，願意更進一步提煉精華，將個案、議題體系化，創造知識，後來者因而可能避免勞力傷財。

萬國整合知識的能力優異，並不令人意外。但是，萬國分享知識的意願與行動，令人敬佩。知識確實是力量，而萬國不吝於分享這股力量。

透過雙月刊，回應市場對法律新知的需求

如果說，專書是台上一分鐘的成果，那麼《萬國法律》

雜誌雙月刊，四十年來發行不輟，就是萬國的台下十年功。

萬國自 1981 年就開始發行內部刊物，原名為《萬國法訊》，只是薄薄幾頁的機關報，後來改名為《萬國法律》，對外發行至今，2024 年 8 月甫出版第 256 期。當初，創所律師范光群認為，律師辦案需要深究法律問題，既然已經花了時間研究、思考，何不把握機會把文章寫出來？初期十餘年，萬國法律是以「原則內稿，例外外稿」為理念，所內同仁一律要供稿，再忙也要抽時間出來寫稿，合夥律師也不例外。甚至，為了確保稿件準時，還立下了逾期罰錢的規定[6]，一般同仁逾期一天罰十元，合夥律師以身作則，逾期罰款加重，一天五十元，范光群律師甚至有罰款幾千元的紀錄[7]。

在 1997 年之前，《萬國法律》僅有三位學者撰稿，分別為王澤鑑、戴東雄和李茂生[8]，其他稿件全數由萬國同仁自行寫作。其耕耘不輟，真是毅力驚人，完全反映萬國專業有承諾的性格。也難怪連同行的他所律師都肯定萬國的理想性 —— 出身國際通商法律事務所的黃瑞明大法官，就曾

經說過[9]：「《萬國法律》雜誌可以堅持這麼久，這裡頭一定有其執著與堅持。因為，有些雜誌只是為了 promote（推廣），只是為了招攬客源，但有些雜誌一開始創辦就有使命感的味道。雖然我們與萬國是競爭同業，但必須給予 credit（肯定）。」

1999 年，《萬國法律》百期之後，開始擴大經營[10]，積極向大學學者與實務界邀稿，也將《萬國法律》交由商業出版社經銷。封面變得更加專業美觀，排版更容易閱讀，內容的能量也更多元、飽滿。例如，2000 年，評論「迎接行政救濟新紀元」；2002 年，因應加入 WTO，分析修法配套，也介紹中國大陸法制；2003 年，〈知識經濟時代的智慧財產〉由智慧財產局王美花組長撰稿；2009 年，更進一步邀集智財局專利審查官、工研院專利工程師、科技公司專利專員，分析〈網路服務提供業（ISP）對網路侵權的法律責任〉。從主題與撰稿者的變化，不僅可以看出萬國連結產官學界[11]的能力，也可以發現萬國透過《萬國法律》回應市場對法律新知的需求。

透過法律認識台灣

整理《萬國法律》四十年來，一共 250 餘期的關鍵字，更可以清楚看見萬國穩紮穩打的基本功。一方面，萬國有長期經營的議題，如商標、仲裁、工程、公司治理，都是核心關懷。例如，早在 1983 年，陳傳岳律師就寫過一篇〈談侵害商標專用權罪「故意」之認定〉[12]，1984 年則有〈從「Prince」商標糾紛談商標申請人資格〉[13]，1987 年亦有英文稿介紹專利商標保護[14]；都顯示萬國深耕智慧財產領域，是經年累月，點滴累積。又例如，時逢萬國法律百期，舉辦研討會，由顧立雄律師和經雯貴律師發表〈營建工程業常面臨之刑事問題〉[15]，當年亦連續兩期以「BOT 深入研究」為特別企劃，其中林發立律師撰寫〈融資機構介入權 —— 以重大 BOT 案例中外國融資機構所可能面臨介入權問題為中心〉[16]，也邀請立法委員與行政院公共工程委員會副主任委撰稿[17]；2003 年，時為實習律師呂紹凡說明〈BOT 特許合約期前終止之相關介紹〉[18]，也邀請商務銀行、國際工程

顧問公司業者及行政院公共工程委員會科員研討如何吸引投入 BOT，又如何審核 [19]，同年還邀請鋼鐵公司法務室撰稿介紹營造業法子法 [20]。如此讀來，後來在 2009 年出版《智慧財產訴訟新紀元》、《工程法律探索》兩本專書，實在不是偶然，都是十年磨一劍的結果。

另一方面，萬國也相當有意識地捕捉市場與社會的最新發展。台灣的半導體業是在 1980 年代開始由國家主導培植 [21]，從《萬國法律》也可以看見端倪：1986 年，陳彩霞律師就介紹過〈日本半導體積體電路配置法〉[22]；1995 年，楊長峰專利代理人寫〈淺談積體電路〉[23]。當時，或許還沒有人預見台灣半導體業會成為全球中心，但萬國的法律專業已經敏銳地捕捉到了重要產業的發展。

閱讀《萬國法律》像是閱讀台灣，是以法律的角度來認識、理解台灣。具本土關懷的知識研究，始終鑲嵌在萬國日常運作之中，不間斷地透過《萬國法律》累積，培養研究新興法律議題的能力。

內部機制利於建構知識

除了辦雜誌之外，萬國內部還有很多組織運作的機制利於建構知識。

首先，萬國喜歡組讀書會、座談會，鼓勵交流，尤其是跨界交流。早期，萬國創所律師們就已非常重視養成思辯文化。長期以來，萬國每週都會舉辦法律實務座談會[24]，掌握最新法律變化，例如宣讀最新法令、司法院公報摘要，也討論熱門法律議題，或提出辦案時遇到的問題，做為案例討論。

共同研討案例的讀書會流傳至今，萬國律師們仍然在讀書小組中研擬應對最新社會議題。例如，2019 年成立的「超高齡社會法制研究小組」，由將近二十位萬國律師組成[25]，每月舉辦例會，由成員輪流報告，也不定期邀請所外專家業者演講[26]。研究小組投入研究台灣高齡社會面對的法律問題，為高齡者的醫療、財產、公司資產等全面預為規劃，也研究可能發生的權益風險、甚至剝削。2020 年 7 月，該研究小組更進一步舉辦研討會，會議名稱為「迎向超

高齡社會，您更需要律師」，以「預為準備、超前部署」為主題，介紹律師如何在四大面向因應高齡者的權利保障，包括醫療、意定監護、信託及遺囑[27]。

研究小組的研究成果，後來集結出版為兩本書。其中，《迎向超高齡社會的超前部署》不僅詳細介紹了高齡者如何從各層面保障自身權利，還附上了八份契約範例：從自書遺囑醫療委任代理人委任書、遺囑執行人委任書、信託監察人委任契約，以及贈與、信託契約，還有生活事務與身後事務處理契約。這樣一本有遠見又實際的書，也難怪能夠迎來二刷，是法律專業書籍中少見的成功指標。

其次，萬國強調團隊辦案。案件進入事務所之後，都會由一個團隊負責，從第一線的受雇律師完整深入了解案情，到中層的資深律師（通常是助理合夥律師）改善並把關書狀，再到主責的合夥律師指明辦案重點、引導方向。

團隊分工雖然是大事務所運作的必然，但在萬國，團隊辦案其實是師徒傳承技藝的關鍵過程，也是從創所律師開始的優良傳統[28]。法律書狀的本質，是如手工藝術一般的創

作，「要精益求精、醞釀，注意每一句話、每一個行動可能帶來的後果，」資深合夥律師張嘉真說。而手工藝的傳承，難以標準化量產，只能在師徒之間手把手地身教言教。資深合夥律師林雅芬提到，她跟著創所律師范光群律師學習，獲益良多：

> 范律師改狀子的時候我們會坐在旁邊，很花時間，但是會看到他怎麼想，然後討論。范律師下午四、五點才進辦公室，大概六點坐下來討論，我們都笑說像是掛號，其實還滿懷念的。

師父改書狀，當然不只是改文字，而是從架構到證據，從主軸到細節，都要全面性地思考與調整。資深合夥律師張嘉真說：「讓新手們同時在大方向及小細節都要注重，這是工作品質精緻的必要條件。」

在團隊中精雕細琢，事實上是讓年輕律師見識法律如何運作。李佶穎律師在萬國工作兩年多，還是年輕的受雇律師。他談到，在萬國會遇到「富有教學熱忱」的資深律

> "
> **法律書狀的本質，是如手工藝術一般的創作；而手工藝的傳承，難以標準化量產，只能在師徒之間手把手地身教言教。**
> "

師，仔細說明為什麼書狀要這樣改；而他自己也在成長，漸漸地，書狀沒有被改得那麼多了，也要面對比他更年輕的實習律師了，他也會用同樣的態度面對後輩。在萬國可以學習很多，所以他也會推薦學弟妹來投履歷。

辦案團隊是同儕思辨的場域

　　值得注意的是，萬國團隊中雖有垂直關係，從合夥人、資深律師到受雇律師，但受雇律師並不只是聽命辦事。事實上，受雇律師被賦予深切期許，不僅要完成研究，也應該有自主思考的能力。合夥律師陳一銘說，「承辦律師要先研究發想，要準備好來討論」，資深律師會給他回饋，甚至是挑戰，「為什麼我想得到的你想不到？」合夥律師陳誌泓也提到，他在帶領團隊的時候，會提供初步架構的文件，協助第一線律師辦案 —— 但這是藍圖，不是天花板，也不是

終點。

　　我都會告訴年輕律師，這是做我的案子基本上要達到的標準，但其他人可能要求更多，你自己要臨機應變。你知道整個 roadmap（路線圖）是這樣的時候，稍微改一下方向，就不會迷失自己的目的地。資深律師需要跟年輕律師溝通清楚，不是只做到這個東西就可以，而且也不是要完全按照這個東西去做。

　　萬國的辦案團隊是同儕思辨的場域。雖是師出同門，共享同樣的語言、為客戶服務的信念，但是每一個律師的能力與特長都是不同的。陳誌泓律師回想他自己在年輕時如何跟其他更資深的律師合作，自承工作速度很快，但同時「思考的層次不會很細膩」。但跟資深律師合作，「都是絕頂聰明的人，各自展現不同的能力」，從不同的思考目的出發，有不同的意見，有時候調整、有時候反駁。「在這個過程中，你就會知道你哪裡不夠，去學習。這是辦案子最有趣的地方。」

　　團隊辦案是從多重角度，由不同能力的專業人士共同討論，於是案件的各種面向與強弱明暗愈漸清晰 —— 這正是創造知識的良好環境。創造，是非常鼓舞人心的經驗，在未知裡摸索出道路，照亮混沌，理出頭緒，不僅幫助了當事人，還實現了自我成長。這真的是知識的力量。

　　萬國團隊還有一個不可或缺的角色 —— 翻譯。不只律師之間反覆檢驗，還有翻譯團隊層層把關，確保外文法律意見的品質。這也再一次顯示萬國重視專業，進而利於知識建構的組織運作。

　　萬國以服務日本客戶出名，其日系業務穩占全台龍頭。提供給日本客戶的法律意見要好，顯然，日文水準一定要高。創所律師賴浩敏開拓萬國的日系業務，其日文之好，從留學東京大學時期就令日人另眼相看。根據日本名律師杉本秀夫的回憶：

　　　　賴律師站在台灣攤位前，熱心講解台灣文化 […] 跟我聊起他專攻的刑事訴訟法。我很驚訝他連日本刑訴法中最難的「檢察官詢問筆錄之證據能力」都能用流暢的

> 日文說明 […] 條理分明、言之有物，表達能力非常有說
> 服力。炯炯有神的雙眼，如滔滔江水般的傳聞證據論，
> 真是引人入勝。[29]

萬國的前二十年，與賴浩敏律師一起處理日本業務的，曾有黃虹霞律師[30]、黃教範律師、陳彩霞律師。然而，隨著業務規模成長，不能只靠賴浩敏律師引入案件，也不能只仰賴幾個具日文能力的中堅律師處理案件，萬國必須進一步系統性地處理涉外業務的語言。萬國法律事務所資深顧問李克和回憶，1994 年，他剛進萬國的時候，思考如何成立翻譯團隊：

> 過去賴浩敏律師一直覺得有志難伸，空有十八般武藝的功夫。他經常講，我有辦法找進案件，但是你們有辦法幫我接下案件嗎？能夠協助參與直接辦案的律師太少。我找到了一個合作辦法，可以把不懂日文、但很能夠辦案、很優秀的 associate（受雇律師），跟我們的翻譯組合作起來。我們的客戶開始增加，速度非常的快。只

要賴律師能夠接得進來的案件，在我們事務所就有辦法留下來。

　　而萬國的翻譯團隊絕不只是語言翻譯，也必須是具法律專業背景的日文人才。律師事務所出去的意見、建議、企業文書，都需要精準而中規中矩的日文表達。翻譯者不只是翻譯語言，也必須熟悉法律概念。所以，最好是有法律背景、也有語言專長——甚至是日本母語者——的專業人士。李克和顧問找到了一位在台灣完成法碩士學位的日本留學生，「剛好有一位村永先生，他的指導教授跟他提到萬國法律可以考慮。」李克和收到求職信的當天下午馬上邀請他來面試，然後立刻獲請賴浩敏律師同意，「隔天就通知他來上班。只有兩天的時間，我們就決定要做。」

　　村永史朗現在依然是萬國的顧問。二十年來，萬國的日文翻譯團隊大約維持在十數人，除了日文專業的台灣人之外，也持續聘有日本母語者，共同協助律師處理日系業務。英文業務也有相對應的專業人士與翻譯團隊，甚至也能支援

> "
>
> **團隊辦案是從多重角度，由不同能力的專業人士共同討論，於是案件的各種面向與強弱明暗愈漸清晰，這正是創造知識的良好環境。**
>
> "

日本客戶的英文文書需求。外國法顧問、美國律師 Michael Zuck 1995 年來到台灣，在萬國服務了二十八年，直到退休返美。整體而言，外語及翻譯團隊扮演了關鍵的輔助角色，萬國能夠以同等高水準的品質擴張服務範圍，「讓原先事務所本來就擁有的優點更加突顯，」李克和說。

團隊辦案，是萬國的金字招牌。但是，為什麼「團隊」能夠提供高品質的法律服務？萬國的經驗告訴我們：團隊提供穩定的檢核系統，層層把關，步步提升。一份法律文件能夠通過萬國團隊的檢驗，就具備可信賴的品質。而且，更重要的是：法律專業的本質是知識，而知識在平等、多元的社群當中，最能蓬勃發展。一個相互挑戰、彼此支持，分工又合作的團隊，就是創造知識的良好環境。

萬國人的學術性格

萬國的知識性，不只反映在它的產出、組織運作上。其實，萬國愛智，最明顯的是萬國「人」的學術性格。

或許因為萬國以處理困難案件出名，吸引到的人才，本來就有一定的學術傾向；但也可能是因為萬國人的性格，不斷擴張了收案的難度與規模。案件特徵與人才性質，互為表裡，共同成就了萬國嚴謹而高規格的表現。

文匯法律事務所黃慧萍律師在自行執業之前，曾在萬國任職多年。她回憶，九〇年代末期的萬國，已是訴訟界的金字招牌，在創所律師底下精英匯集，一群人共同打拚：

> 萬國是訴訟界的翹楚，所以所有你想得到的法界的精英，都會出現在萬國。什麼書卷獎、法官第一名、律師榜首，都會在萬國。你的同儕是那麼優秀的人，在那裡也會讓你自己提升。然後我覺得，這些人會選擇進萬國還有一個特色：他們都滿謙虛的。我們是戰友，會盡量地幫你，大家就是一起在這個法律的世界裡，去幫自己的客戶找出路，就是很人情味的團隊。

案件困難，其實是人才發展的關鍵。一方面，工作挑戰大、強度高，本來就會提升能力。同時，萬國的團隊辦案模式，雖然是為了追求高品質的工作成果，但這股追求卓越的力量，也會產生培訓人才的作用，由下而上貫徹，不斷地提升人的才能。黃慧萍律師說，因為來到萬國的案子都很難，「所以你會絞盡腦汁，挑戰你的所學，挑戰你自己的能力。如果你很有企圖心，或學習欲很強的人，你會很興奮，當然也會很累。」

現任助理合夥律師李維中是先在規模較小的事務所任職，後來才進入萬國，但他受吸引、留任的原因也一模一樣。萬國的案件種類多元，跟各式各樣不同的老闆合作，「五年多，一路上一直有新的、不同的挑戰，一直學習跟調整，我也收穫了非常多。我覺得我可以預期，未來會一直有不一樣的挑戰跟自我提升的機會。」也因為如此，他會想要一直在這個事務所努力下去，「把自己精進到，我確實可以好好維持萬國好的傳統。」

　　萬國人的學術性格，在困難的重大案件中得以舒張，最
具體的表現就是書狀嚴謹。萬國出狀嚴謹，眾所皆知，從格
式到內容，從律師界到法院，都是有口皆碑。

　　早年在創所律師帶領之下便是如此。現任高等法院花蓮
分院院長的陳真真法官，於 1979 年至 1982 年任職萬國，擔
任范光群律師的法律助理。陳真真法官曾撰文分享[31]范律師
出狀流程，格式、內容、研究、撰寫、表達，環環相扣，步
步為營：

　　　從書狀體例、當事人欄記載、習慣用語，此外聲
　　明如何表達及與法院判決主文的關係等等，一開始先有
　　系統地說明，之後在一些特殊情況再說明其不同處。製
　　作書狀前，相關法律問題要求先搜尋所內圖書、資料完
　　全，不得有遺漏；因搜尋不完全而遭退件的情形，是家
　　常便飯，當時覺得范祕（書長）真煩，直接把答案告知
　　不是比較省事？法律意見確定後，書狀也被從頭到尾仔
　　細改過，文字不只要流暢更要切中重點。

　　　有次被要求將書狀送去法院與他會合 […] 要求開庭

時旁聽並注意他如何表達書狀內容，事後並說明：開庭時不可逐字朗讀書狀，要陳述重點，火力要集中並注意以語氣、肢體強化所表達的見解，以吸引法官注意，並使法官接受該見解等要領。當然還要求，以後撰寫書狀時，也要有這種臨場感。

范光群律師嚴格要求研究不可馬虎的這一點，特別值得注意。尤美女律師（前立法委員、前台北律師公會理事長、現任全國律師聯合會理事長）也曾任萬國助理，就因為不夠嚴謹，而被「當頭棒喝」[32]：

有一次我為了一個問題，已經快翻遍事務所圖書館內所有的書，只差一本書，我心想「天下文章一大抄」，不差那一本，因此把它跳過去，寫好狀子就交給范律師。范律師收到狀子之後，第一句話便問：「你所有的書都查過了？」我說：「對。」他便要我一起去圖書館。沒想到，他一眼就挑中那本被我略過的書，問我：「這本看了嗎？」當時我真是羞愧得無地自容，整個臉馬上紅起來。我承認沒看那本書，因為其他的書我

都看過了，發現大家都在抄來抄去，想必那本也是一樣。他說：「你沒看，怎麼知道他是抄的？」便把我寫好的狀子退回去，要求從頭再來。

最令人驚歎的是，一模一樣的要求，時隔將近半世紀，還在萬國律師身上發光。助理合夥律師李維中是在 2018 年加入萬國，已經執業好幾年，因而對萬國作風感受特別清晰：

在萬國這邊，資深律師都還是很要求，即便這個問題你之前處理過你都還是要再去確認研究，是不是現在最新的法律規定或解釋就是這樣子？或者說，你過去處理的這個方式是不是有相同的案例可以支援？不能說因為過去都這樣處理，所以這個案子就這樣給客戶。可以說謹慎、實事求是，完全精確。要求一定要自己有研究，自己確定是這樣做，而不只是以前人家都這樣做，或以前聽別人這樣做，我們就這樣做。當然這樣花費滿多工作時間，因為所有問題都要重新再去確認。但是要提供好的服務，就是需要這樣做，因為有些事情確認下

來，才發現並不是如過去自己理解的那樣。

萬國還有個特性，喜歡鼓勵年輕人出國念書。站在人力分派的角度，受雇律師出國念書對合夥人來說未必是好事。不過，短期來說，事務所雖有調派跟補充人力的成本，但長期看來，培養律師成為國際人才，就學深造是必然的，也是事務所成長不可避免的過程。萬國校友王琍瑩律師回憶，當年她受到合夥律師郭雨嵐大力鼓勵到美國求學：

> 一個年輕律師做沒多久，鼓起勇氣跟老闆說，我想要申請出國讀書。然後他們完全不是什麼「現在事務所正忙，還給我出去」這樣。不是，他們就是非常非常的期許你真的去學你想學的東西。那時候郭律師跟我說，那你一定要不只是上普通的課而已。雖然你進去的是general LLM program（一般的法學碩士班），但你一定要修很多 seminar（專題討論），你才有機會去跟真正有technical background（技術背景），或者有實務經驗的其他朋友交流。

　　另一位在萬國科技法律部的合夥律師謝祥揚，也提到郭雨嵐律師的「縱容」—— 讓他留職停薪去美國完成博士學位，返回事務所後持續在學校兼課，學術工作未曾間斷。其實，合夥律師的支持並非偶然，也不是意外 —— 郭雨嵐律師自己年輕時，也是受到合夥人的鼓勵去念書，甚至還二出二進萬國。郭律師先去台大城鄉所深造，又到美國求學，甚至在美國律師事務所短暫工作過。萬國一直都很支持他的決定[33]。開放的心胸，有遠見的老闆，果然帶領出一代又一代優秀的萬國人。

　　事實上，萬國出身的學術工作者也真的很多。現在正在台灣各大學法律系任教的法學者之中，多位都曾經任職於萬國，專長橫跨各個主要的法學領域，從實體法到程序法，從民、刑、公法到社會法學：台灣大學法律學院的沈冠伶教授、孫迺翊教授、蔡英欣教授、許恆達教授、徐婉寧教授，還有任教於國家發展研究所的范秀羽副教授；政治大學法學院陳龍昇副教授；台北大學公共行政學系陳耀祥助理教授；成功大學法律系邵靖惠教授；中正大學法律系的周廷翰助理

> **法律專業的本質是知識。一個相互挑戰、彼此支持，分工又合作的團隊，就是創造知識的良好環境。**

教授。這些老師都曾經是萬國人。而除了現役學者之外，還有兩位現任的司法院大法官 —— 詹森林大法官以及黃昭元大法官 —— 在進入學界之前，也都曾經在萬國執業過。

行文至此，不難發現，「世代傳承」其實是萬國最突出的知性特徵 —— 辦案嚴謹，挑戰重大案件，重視求學求新知 —— 萬國一路走來，初心不變。一代又一代的萬國人，尊重、喜愛知識，也樂於分享知識，這才是萬國歷久彌新，維持卓越不墜的原因。

樂於創建組織，以多元方式推廣知識

從更大的視野觀察，萬國另一個世代傳承不變的作風，是樂於創建組織，以多元方式推廣知識。

首先，鼓勵學術交流、創造知識的平台不只有《萬國法律》。萬國另外於 1995 年成立「萬國法律基金會」，

除了正式出版《萬國法律》，也資助交流活動。例如，於台大法律學院捐助成立「萬國法學講座」[34]，邀請國際重量級學者來台。2011 年，第一屆主講者為德國慕尼黑大學法學院講座教授、前德國聯邦憲法法院院長帕皮爾（Hans-Jürgen Papier[35]）；2013 年，第二屆講者為美國密西根大學法學院教授、女性主義法學大師麥金儂（Catharine A. MacKinnon[36]）；2016 年，第三屆則邀請英國華威大學教授貝爾（Hugh Beale[37]）。

除了與大學合作，也以事務所為交流場域，邀請外國法律實務工作者來台。例如，目前在萬國網站上就能看到最新一輪的「萬國國際交流獎助金」，邀請外國籍法律專業人士申請，到萬國事務所短期研修，並提供至多三個月、每月新台幣六萬元的實質補助[38]。2023 年，又成立萬國法規暨政策研究中心，期許「提供社會各界法規及政策研究分析服務，能對我國民主深化與法制精進有所貢獻」。政策研究中心關心議題更加即時，包括：國家發展、國家安全、能源、高齡者、數位法制、企業永續以及文化創意[39]。

　　其次，萬國人也很願意以知識貢獻社會。這個傳統也必須上溯至創所律師們，早期除了設立萬國、積極投入司法改革之外，還有一項創舉：投入「中國比較法學會」，也就是現在台灣法界熟知的「台灣法學會」[40]。中國比較法學會成立於 1970 年[41]，後於 1971 年立案為全國性學術團體[42]，是由眾多法界精英群策群力組成的社團，目標是讓司法官、律師、法律學者共同交流，實務與理論不致脫節，共同促進台灣司法進步。萬國有兩位創所律師投入甚深：賴浩敏律師協助成立學會並擔任幹事[43]，陳傳岳律師則是在學會創立之初，即以法官的身分加入，後來轉任律師、成立萬國，也持續投入，後擔任學會祕書長，也曾被推選為理事長[44]。第二代合夥律師當中，顧立雄律師也曾任理事長。

　　顧立雄律師是以承先啟後的身分加入台灣法學會。他的經驗[45]，見證了萬國人知性、富有理念的一面：

　　　　萬國要求其事務所內的律師都要加入台灣法學會，
　　我自然也在這一「命令」下加入了法學會。其實這是萬

國的傳統，早年對台北律師公會感到失望，認為法學會才是大家可以聚在一起，找到認同歸屬，且有學術啟發的所在。我會出來參選法學會的理監事，其實是來自萬國希望接棒的指派。法學會具有相當豐富的批判思想，針對當時社會事件，以舉辦學術研討會的方式，把思想知識傳播出去。我們在參與研討的過程中，也都會受到啟發，久了便自然能形成一套想法。當時與法學會站同一陣線的還有律師公會，以及後來開展出來的民間司改會 […] 相對於這兩者，法學會最明顯的特徵是扮演與學者請益溝通的平台角色，可說是我們這些改革運動者的豐富「寶庫」。

這正是萬國的理念：分進合擊，改變社會，哪裡有需要法律人的地方，就盡力去服務。而知識也是一種行動 ── 坐而言，不如起而行，知識引領改革，要創造能為社會所用的知識。

不過，隨著時代變化，台灣需要的法律知識也跟著改變。如果說當年的台灣法學會，是為民主轉型貢獻了政治變革所需的法律專業 [46]，那麼，現在台灣所需要的法學知識，

> **分進合擊，改變社會，哪裡有需要法律人的地方，就盡力去服務 —— 這正是萬國的理念。**

更全面也更多元，無論是社會或市場，都有無數議題值得法律人投入研究。

萬國人並沒有缺席。

單單就「建構知識平台」看來，現在萬國律師也像是當年的創所律師一般，積極而充滿活力地投入貢獻社會的行列。

第一個例子是掌握市場脈動。資深合夥律師黃帥升[47]近年創辦《當代法律》雜誌[48]，是因為他認為：「市場上缺少一本能與企業對話的法律雜誌，而《當代法律》就是為因應社會環境快速變遷，得以及時反應最新法律議題的雜誌平台。」確實，《當代法律》總編輯廖義銘教授曾說，《當代法律》編輯與營運團隊是一群敢於冒險創新的法律人，包括台灣頂尖大型律師事務所律師、法學教育推廣者，與熱心於法學本土化發展的教授[49]。翻開封面頁，《當代法律》的主筆群來自學術與實務界，領域多元，甚至還有專注於不同議題的基金會、協會、學會。萬國的律師也傾力投入 —— 除了黃帥升律師之外，主筆群內還有五位萬國合夥律師，同樣

横跨不同世代。

　　閱讀《當代法律》，可以感受到萬國學風也在其中，但回應速度更快、更重視業界需求。自 2022 年創刊以來，關注的議題包括：虛擬資產，碳權交易，個資安全，AI、區塊鏈與法律，還介紹了企業關心的各種法律最新動態，包括《企業併購法》修正、《氣候變遷因應法》制定，以及回顧《商業事件處理法》。除了每月出刊，跟緊最新法律議題之外，籌辦研討會速度也非常迅速，最快兩星期可以籌辦一場活動。至今已經舉辦超過五十場研討會，平均每次約有兩百人以上參與，可見其社會影響力。

　　《當代法律》每期選題都是迅速又精準。以 2024 年 5 月出版的專題為例，是以「國會調查權」為主題，邀集主要政黨的國會議員為文，又有多位憲法學者，分別從不同角度討論。該刊雜誌出版後不到兩週，國會就通過修正《立法院職權行使法》，行政院也立刻覆議。這一系列國會職權的爭議引發了大規模街頭集會，很多參與者都認為，青鳥行動是十年前太陽花運動的再續版。令人驚歎的是，《當代

法律》精準選題、規劃與出版都搶先在前，在爭議發生的當下，刊物已經出版成白紙黑字在人們眼前，真是一流的知識創造。

回歸初心，為什麼做律師還要辦雜誌？黃帥升律師的起心動念非常「萬國」：「陳忠五老師曾說，法學知識的產出相當昂貴，但法學知識的傳播幾乎沒有成本。辦雜誌不賺錢，純粹是回饋社會，希望因此能為引領社會正向發展，貢獻一份心力。」

第二個貢獻知識的例子，則是面向社會。另一位資深合夥律師黃三榮，投入死生教育推廣，成立「台灣澄雲死生教育協會」[50]。澄雲的成立宗旨，是要鼓勵善終的思考，為死亡做好全面準備，進而掌握生命的價值。

在台灣，倡議生死學是重要而即時的一項行動 —— 台灣已經在 2018 年正式進入高齡社會，65 歲以上的老年人口占總人口比率 14％，預計在 2025 年成為超高齡社會，老年人口即將高達全人口五分之一。這項人口變化趨勢帶來極大影響，不只是年長者自己的生活、財產與權利需妥善安排，

整個社會也都必須面對家庭照護與財政保險的任務。而這一切的準備，都必須從建立思維開始 —— 面對死亡，思考死亡，準備死亡，才能享受生命。

澄雲正是為了推廣這些思考而成立。2019 年，澄雲立案，由黃三榮律師擔任理事長，隨即舉辦一系列讀書會、講座課程與培育訓練。為配合推廣，還推出了遊戲牌卡，卡上記載各種關於死亡的重要提問，像是「確診絕症時，希望盡一切治療嗎？」用來幫助讀者形成觀點，也可以輔助親友之間討論生死問題。仔細觀察澄雲的各項活動，可以感受到法律專業鑲嵌在各種知識社群之中，共同組成倡議行動。不只有多位萬國律師曾擔任主講人，說明遺囑、信託、醫療委任等法律工具，也有法師、醫師、護理師、保險與信託業者，結合書籍、繪本、電影、旅遊，從思維到實踐，一起探索死亡之於人生的意義。當然，萬國也默默隱身在背景裡。不只是貢獻人員、想法，也提供物理性的資源 —— 從籌備時期開始，澄雲就經常在萬國的會議室裡舉辦籌備會、理監事會與會員大會。澄雲網站上，那張頗具紀念價值的第一次籌備

會議照片，就是在萬國的大會議室裡拍攝。

「知死有備，樂活善生」是澄雲的理念。幫助每個人思考死亡，幫助台灣準備好面對與過去截然不同的老後，是極有洞察力的一項社會倡議，也確實是二十一世紀台灣所需要的知識貢獻。萬國人參與其中，是一項貢獻知識的重要行動。

掌握知識，也善於創造與分享知識

身為台灣頂級的法律事務所，萬國精熟法律，坐擁知識寶庫，並不令人意外。但是，在自身掌握知識之外，萬國也善於創造與分享知識，在日常運作中紮穩馬步，鍛鍊專業，維護品質，進而激發創新的動能。從處理複雜、困難訴訟起家，紛爭解決是聚其畢生之功。在打遍訴訟之後，萬國的寶貴經驗允許律師們設計出詳實周延的制度，防患於未然。

更令人敬佩的是，萬國從不吝於分享知識 —— 不僅定期出版雜誌文章，也不斷在多年累積成熟時，出版書籍，將價值無比的心法祕訣帶到大眾面前。一代一代萬國人傳承的

不只是知識本身，也傳承愛智的性格。培育年輕人才，建構新知平台，面向市場、面向社會，萬國積極貢獻，樂於參與，深深鑲嵌在整個台灣社會知識脈動當中。

萬國有自信，也慷慨，活力十足，耕耘不輟，這是真正的愛智者的風範。知識就是力量 —— 愛智，是萬國力量的泉源。

註 解

1 類似的問答架構，反覆出現在萬國出版品之中。2009 年出版的《工程法律探索》，第一章與第二章也是採取同樣的寫作架構，而且針對每一個提問，都並陳業主與承包商觀點，再回覆以實務見解。讀起來非常清楚，讀者可以依循自身立場找到相對應的資訊。

2 例如，公司面對刑事搜索扣押，有何注意事項？如果是主管機關行政調查，又如何應對？這兩個問題，其實法律規定都很直觀，由此可見是站在為讀者服務的立場，耐心說明任何對公司至關緊要的問題。

3 汪家倩（2019），〈營業秘密檢核表 —— 訴訟及事業經營須知〉，萬國法律事務所，《近年公司經營法制之發展》，頁 134-156，五南。

4 張嘉真、陳誌泓（2009），〈工程契約終止與逐離接管相關爭議〉，萬國法律事務所，《工程法律探索》，頁 63-102，元照。

5 郭雨嵐、汪家倩（2019），〈競業禁止行不行？企業如何保護營業祕密及核心資產〉，萬國法律事務所，《近年公司經營法制之發展》，頁 191-196，五南。

6 梁妃儀、蔡篤堅（2004），《互信與堅持：萬國三十年的故事》，頁 113-114，記憶工程。

7　周禮群等（2019），《第一個律師出身的司法院長：賴浩敏》，頁 154，釀出版。

8　王澤鑑（1988），〈通謀虛偽之第三人利益契約〉，《萬國法律》，40 期；王澤鑑（1988），〈物之瑕疵擔保責任，不完全給付與同時履行抗辯 ── 最高法院七十七年四月十九日第七次民事庭會議決議之檢討〉，《萬國法律》，41 期；戴東雄（1989），〈親屬法實例解說 ── 聯合財產制之所有權、使用權及收益權〉，《萬國法律》，43 期；李茂生（1997），〈出席公開發行公司股東會委託書蒐購行為的刑事責任問題商榷〉，《萬國法律》，91 期。

9　范光群教授七秩華誕祝壽文集編輯委員會（2009），《致力改革之法律人范光群先生：范光群教授七秩華誕祝壽訪談集》，頁 43，元照。

10　梁妃儀、蔡篤堅，同註 6，頁 211-212。

11　其他近期例子如：2012 年「醫療糾紛」邀稿刑庭醫療專股法官；2017 年，也有一篇公安事故健保代位求償的文章，是由衛福部健保署署長、專門委員、主任祕書合寫。

12　陳傳岳（1983），〈談侵害商標專用權罪「故意」之認定〉，《萬國法律》，10 期。

13　陳傳岳（1984），〈從「Prince」商標糾紛談商標申請人資格〉，《萬國法律》，18 期。

14 陳傳岳（1987），〈中華民國專利及商標之保護〉，《萬國法律》，31 期。

15 顧立雄、經雯貴（1998），〈營建工程業常面臨之刑事問題〉，《萬國法律》，100 期。

16 林發立（1998），〈融資機構介入權 —— 以重大 BOT 案例中外國融資機構所可能面臨介入權問題為中心〉，《萬國法律》，101 期。

17 黃國鍾（1998），〈BOT（興建／經營／移交）之法律架構與行政程序（上）（下）〉，《萬國法律》，101-102 期；李建中（1998），〈民間參與公共建設計畫之廠商甄選及異議申訴〉，《萬國法律》，102 期。

18 呂紹凡（2003），〈BOT 特許合約期前終止之相關介紹〉，《萬國法律》，129 期。

19 黃時中（2003），〈民間參與公共建設與專案融資〉；徐肇章（2003），〈談如何吸引民間機構參與公共建設〉；吳淑青（2003），〈主辦機關審核民間自行規劃申請參與公共建設案件注意事項簡介〉，《萬國法律》，129 期。

20 余文恭（2003），〈營造業法子法 —— 營繕工程承攬契約應記載事項實施辦法草案相關訂定芻議（上）（下）〉，《萬國法律》，130-131 期。

21 可以 1980 年設置科學園區，1981 年聯華電子成立為關鍵時間點。

22 陳彩霞（1986），〈日本半導體積體電路配置法〉，《萬國法律》，28 期。

23 楊長峰（1995），〈淺談積體電路〉，《萬國法律》，81 期。

24 周禮群等，同註 7，頁 153。

25 萬國法律事務所（2022），《迎向超高齡社會的超前部署：Let's Do ATP》，頁 185-186，五南。

26 例會主題包括「英國 Mental Capacity Act 簡介」、「超高齡社會的法律議題 ──『以房養老』之介紹及議題」、「美國法中之 ACP ── 從紐約州法律觀察」、「長照所涉法律議題」、「失智症患者照顧者之責任」等，報告人從合夥到受雇律師，都一起參與。萬國法律事務所（2022），《迎向超高齡社會的超前部署：Let's Do ATP》，頁 187-190。

27 萬國法律事務所，同註 25，郭雨嵐序。

28 萬國自何時出現創所律師 ── 資深律師 ── 律師的團隊辦案模式？根據記載，在 1985 年就有這個團隊運作的模式。當萬國搬遷到芙蓉大樓，此時所內分為六組：國際貿易、國際投資暨貸款、海商保險、公司票據暨勞工、商標專利暨著作權、強制執行暨不動產。每組由資深律師當組長，上面有創所律師指導，並協助跨組辦案的協調合作：「創所律師會把案子交辦下來，由承辦律師向他們報告處理的進度與狀況。」梁妃儀、蔡篤堅（2004），《互

信與堅持：萬國三十年的故事》，頁 149，記憶工程。

29 杉本秀夫（2019）推薦序，《第一個律師出身的司法院長：賴浩敏》，頁 17，釀出版。

30 梁妃儀、蔡篤堅，同註 6，頁 148。「像范律師帶顧立雄做訴訟、賴律師帶黃虹霞做日本有關的案件、黃律師帶詹森林做海商、保險，陳律師帶吳素華做非訟，就是有關公司、金融、證券與智慧財產等業務，當時已經有大致的分組與專業分工的概念。」

31 陳真真法官 1982 年司法官特考及格，司法官訓練所司法官班第 24 期結業，後任屏東、高雄地方法院法官，台灣高等法院高雄分院法官，也曾任司法院民事廳副廳長。當時，范光群律師任司法院祕書長，兩人再次共事，因而陳法官於文中稱范律師為「范祕（書長）」。陳真真（2009），〈不只是圓融通達，更有理想與執行力〉，《致力改革之法律人范光群先生：范光群教授七秩華誕祝壽訪談集》，頁 223-225，元照。

32 范光群教授七秩華誕祝壽文集編輯委員會（2009），《致力改革之法律人范光群先生：范光群教授七秩華誕祝壽訪談集》，頁 104，元照。

33 梁妃儀、蔡篤堅，同註 6，頁 170。

34 萬國支持法律系學生與學術交流，也上溯至創所律師時期。1979 年，萬國在台大、政大、中興創設「萬國法律事務所獎學金」，

1984 年增設「萬國法律事務所助學金」五個名額，進一步支持清寒學生。梁妃儀、蔡篤堅（2004），《互信與堅持：萬國三十年的故事》，頁 138，記憶工程。范光群律師、陳傳岳律師與賴浩敏律師都曾經在大學法律系教書，范律師在離開法官職位之後，是先到中興大學法律系任教，後來才開始執業，但仍在中興大學（後成為台北大學）兼課不輟，教授民事訴訟法三十餘年。陳律師與賴律師同在文化大學法律系兼課時，還會一起搭交通車。周禮群等（2019），《第一個律師出身的司法院長：賴浩敏》，頁 139，釀出版。陳傳岳律師也是台大法學基金會的董事，從第一屆（1980 年）連任至今，並擔任第六屆與第七屆董事長（2004/11/1-2010/10/31），推動翻譯德國民法重新翻譯、成立歐盟法研究中心。翁岳生（2014）序，《人權、正義與司法改革：陳傳岳律師七秩晉五華誕祝壽論文集》，元照。

35　Hans-Jürgen Papier (2014)，李建良譯，《當代法治國圖像》，元照出版。另外也可參考謝銘洋（2015）書序，陳昭如（編），《性平等論爭：麥金儂訪台演講集》，國立台灣大學出版中心，記載萬國法學講座發展：「第一屆的萬國法學講座活動是在 2011 年 4 月，邀請到德國慕尼黑大學法學院講座教授、前德國聯邦憲法法院院長 Prof. Dr. Dres. h.c. Hans-Jürgen Papier 來臺演講。」

36　MacKinnon 在台灣舉行三場講座，後出版，Catharine A.MacKinnon（著），王慕寧、李仲昀、葉虹靈、韓欣芸（譯），陳昭如（編）（2015），《性平等論爭：麥金儂訪臺演講集》，國立臺灣大學

出版中心。

37 2016 年第三屆萬國法學講座邀請世界著名民商法學家 Hugh Beale 主講 "The Harmonisation of Contract Law: Purposes, Methods and Prospects"，後出版，Hugh Beale（著），陳柔諭（譯），《英國契約法的現代議題與和諧性》，新學林。

38 萬國法律事務所，「2025 年度萬國法律國際交流獎助金申請要點」，https://www.taiwanlaw.com/cht/exchange_grants.php（最後瀏覽日：06/24/2024）。

39 萬國法律事務所，「『萬國法規暨政策研究中心』成立揭牌　各界雲集祝賀　『數位法論壇』剖析當前數位法制重要議題」，https://www.taiwanlaw.com/cht/public_interest_detial.php?serial=17（最後瀏覽日：06/24/2024）。

40 「中國比較法學會」經司法院釋字第 479 號，改名為「台灣法學會」，成為第一個以台灣為名的全國性社會團體。

41 中國比較法學會成立，是在萬國創所之前。創所律師賴浩敏積極投入學會之創立。成立之後，陳傳岳律師與范光群律師也都參與學會活動。賴律師與陳律師都曾擔任過中國比較法學會的會長。

42 1971 年 1 月 18 日獲內政部以台內社字第四〇一五一八號函通知准予立案全國性學術 團體。

43 周禮群等，同註 7，頁 131-133。賴浩敏律師曾被理事會徵詢有

無意願競選理事長，但推辭，僅任常務理監事。

44 梁妃儀、蔡篤堅，同註 6，頁 184-185。學會一開始未設立理事長，到 1973 年，修改章程，才設立理事長職位。第一任理事長為呂光，陳傳岳律師是在呂光第二任理事長的時候擔任祕書長（但以理監事屆數來說，此時是第五屆）。到了第九屆，陳傳岳律師再次任祕書長，第 21-22 屆則當選為理事長。

45 王泰升、曾文亮（2011），〈顧立雄律師訪談記錄〉，《台灣法律人的故事》，頁 440，元照。

46 除了台灣法學會之外，也必須提到另一個知識性社團「台灣永社」。永社成立於 2012 年 12 月 25 日，是由陳傳岳律師號召，集結法界學者與律師共同組成的民間社團。當時，陳律師有感於「民主鞏固與深化並未落實，近年來馬政府發生許多不公不義的作為與司法冤屈，需要更多社會力的關注與投入」。永社的宗旨是要促進台灣民主法治憲政發展，「不僅提供理論基礎，也同時將理論付諸行動」。陳傳岳律師七秩晉五華誕祝壽論文集編委會（2014），〈陳傳岳律師傳記〉，《人權、正義與司法改革：陳傳岳律師七秩晉五華誕祝壽論文集》，頁 XXXIII，元照。陳傳岳律師出任永社第一屆以及第二屆理事長，並於第三屆任榮譽理事長至今；而萬國另一位創所律師范光群，則是第一屆與第二屆的常務監事，並於第三屆成為顧問，同樣延續至今。若說台灣法學會是在政黨輪替之際，提供了重要的法律論述，那麼台灣永社也就是在國民黨再次執政時，相對應而生的知識行動團體。換句話說，

時代不同，政治環境改變，但萬國創所律師們仍舊如一，以法律專業回應台灣民主法治的知識需求。

47 黃帥升律師訪談（2023/11/09）。

48 根據《當代法律》封面頁，雜誌主筆群中另外五位萬國合夥律師為：陳一銘律師、呂紹凡律師、洪志勳律師、陳誌泓律師、王孟如律師。

49 孫家銘（03/14/2022），「《當代法律》突破傳統 總編輯廖義銘以推動法學教育改革為己任」，新頭殼，https://reurl.cc/adLadQ（最後瀏覽日：09/02/2024）

50 台灣澄雲死生教育協會，https://www.twchengyun.org/。黃三榮律師同時也在萬國內發起「超高齡法制研究小組」，規劃、出版高齡者法律權利保障的研究專書，已如前述。

第四章

萬國人

萬國培訓人才，剛柔並濟，嚴格高標要求下，是溫厚接納的底蘊。萬國人才如何貢獻社會？深耕法律職業，大家共好；策名就列，為國為民；遍地開花。

　　如果說知識是萬國力量的泉源，那麼，運用知識的萬國人，就是萬國最大的資產。而萬國人不僅僅是萬國法律事務所的人才，萬國人也屬於台灣，是台灣社會的寶貴資產。

　　萬國的人才養成，從結構上來說，跟所有大型法律事務所一樣，職涯發展階段分明。早期，單純分為合夥人與受雇律師，後來，隨著組織擴張，職涯逐漸拉長，受雇律師現已穩定分為三個階段，從律師，到資深律師，再成為助理合夥律師。若將升任合夥人比喻為律師職涯的錦標賽，那麼，隨

著組織擴張，這個錦標賽也像是鬆緊帶般逐漸拉長。有些事務所也會設置「非合夥人軌道」（non-partner track）的職涯管道，給那些沒有意願，或結構上無法升任合夥人的資深律師。這個職涯彈性化的現象，在法律職業的文獻當中，稱為「彈性錦標賽」（elastic tournament）[1]。

　　合夥律師與受雇律師有根本不同，差異在於接引案件的業務能力。受雇律師提供法律專業服務，全心投入辦案；合夥律師如公司老闆，除了辦案之外，也必須管理收支，開發業務，引入案件，增加營業額。不過，在彈性錦標賽的發展當中，資深的受雇律師也可能會負擔某些管理工作，而有意願成為合夥人的資深受雇律師，也必然要投入部分時間精力經營業務（無論是主動地接觸新客戶，或者是守成地經營事務所原有客戶）。在大事務所中，這三種角色[2]也可以理解為：開發者（finder）、看守者（minder）、研磨者（grinder）。

以願景帶領組織整合

在萬國，受雇律師感覺的確像個研磨者 —— 認真研究案件，接受磨練。在團隊辦案之中，年輕律師必須充分研究案情，先寫出第一稿。法律爭點要面面俱到，也得細膩掌握事實。李估穎律師說，辦案時，被期待找出所有會被挑戰的爭點，完全地準備好，「雖然這是律師的基本功，但有時候，從對造反應看來，未必每人都做得到。」而他自己印象最深刻的案件就是關於事實發現：

> 有個案子二審是委任本所。我拿到一審資料，看了以後覺得很不妙，所有證物對我方不是特別有利。但我還是就一審資料寫完上訴狀，想說一審該提的證物應該都提過了，二審就一審的事證做法律上爭執。不過合夥人看完資料以後，詢問客戶有沒有電子郵件紀錄、有沒有某些類型的證物，就很明確的指出幾個可以找資料的點，要客戶回去挖。最後竟然就真的挖出了對我們滿有利的資料。

　　由於來到萬國的案件大都相當複雜，有些是陳年舊案，釐清案件牽涉的事實已經相當不容易。但是，在萬國，沒有任何案子是死案子。即使對造的主張有其道理，前審法院判決擲地有聲，律師也一定要為當事人找到出路。不管是在法律見解上另闢途徑，援引學說或國外比較法，或者是拉出新的敘事軸線，用不同於以往的框架建構有利於當事人的事實，甚至依據新的論述主軸，幫助當事人找出有利於案件的新事證。

　　出身萬國的顧立雄律師曾分享他在新進律師階段，如何被范光群律師退稿而突破自我的故事[3]：「范律師給我最大的印象，就是有次我辦大陸工程跟康寧醫院的糾紛，要寫上訴第三審理由狀。」當時高院判決萬國的當事人敗訴，顧立雄也認為判得有道理，左看右看都覺得判決書寫得很好，硬著頭皮寫狀，狀子卻被范光群律師丟回來，「寫得太爛了」，對顧立雄的看法也頗不以為然：「天底下沒有一份判決書是可以完美到寫不出上訴理由的！」這一語點醒夢中人，顧立雄馬上回去重寫。這一次，就寫得津津有味，寫到

半夜三點，很滿意地再交出去給范光群，也獲得肯定。顧立雄對自己說，「連這樣的上訴理由狀都寫得出來，再也沒有什麼寫不出上訴理由狀的判決書了。」

突破，仰賴的是律師獨立思考的能力。現為助理合夥律師的李維中律師，也分享他如何受黃三榮合夥律師指導。很多律師辦案找資料，不外乎查詢判決，了解法院見解，以及詢問主管機關意見，甚至「主管機關怎麼講，就怎麼給當事人意見。」但是，黃律師強調律師絕不能受限於此，必須要有自主判斷能力：

> 黃律師非常在意律師要有自己的自主性。自主性不是說你天馬行空的自己亂想，而是你要基於過去的學習跟經驗累積，依照法律規定做成你自己確信的一個想法跟決定，而不是完全依照主管機關說法或判決見解。如果你只會依照現有東西完成工作，那成果永遠就只會受限在別人的成果，你必須要有自己的想法，才能突破別人既有的成果，達到不同的結果。

> 在萬國，組織整合是以願景帶領，不是以上對下的管理，整個團隊是一起往高品質產出的共同目標前進。

研磨者的經驗逐步累積，慢慢獨當一面，接下來就是要回饋自己所學。制度上，三年律師之後可以成為資深律師，再三年後可以成為助理合夥律師；體感上，也就是會在三到六年之間成為「看守者」。助理合夥律師白友桂回想：「三年比較保守，應該是六年後。剛進來上面還有人，知道你還要學習，可是三年後你要獨當一面，不能夠說這個不會、那個不對，丟出來的東西必須讓老闆可以直接用。再到下個階段就變成，你還要再回饋你的經驗能力，讓新進律師可以獲得當律師必要的經驗或專業。」

中層律師帶領新人的組織角色，其實就是分擔管理工作。一方面繕改書狀，決定法律研究方向，跟當事人溝通細節；而另一方面也協助合夥人，釐清案件的繁雜事實，掌控訴訟方向，向老闆報告與建議。合夥律師陳鵬光說，「當中層律師是很辛苦的，一方面要辦案，一方面也要帶受雇的比

較資淺律師，分享知識經驗，另方面某程度也是合夥人與資淺律師的溝通橋梁之一。」

不過，在萬國，組織整合是以願景帶領，不是以上對下的管理，整個團隊是一起往高品質產出的共同目標前進。李維中律師分享他的學習與改變：

> 我以前習慣跟同事說，希望你幫我做一、二、三、四、五的研究或事情，但是做這麼細節的交代，就要花比較多的時間去整理。那還不如我自己做；或者是做了很細節的整理，但是又掛一漏萬。所以後來我開始思考，或許應該要跟同事們說「我需要達成什麼目標？請你想想看，要做什麼事情才能達成這個目標。」就是給他們問題意識，他們才會真的去 join（參與），思考怎麼做。常常反而有意想不到的幫助，他們想到更多你沒有想到的問題。

成為中層律師確實是角色轉換。不再是聽命辦事，與同事有更多合作，開始分配工作，「但即便分配工作都還有很

多可以學習，」李維中律師說。

在萬國，制度上，擔任助理合夥律師幾年後，符合一定條件，就可以進行成為合夥人的評估。不過，實際的時程很難這麼快 —— 成為「開發者」，關乎律師能力的質變，不只是資歷與經驗累積的量變。能在萬國工作多年，相對應的辦案能力與產出品質一定都不是問題。但是，升任合夥人的評估還包括引案表現，需要與人互動、發展新業務、被潛在客戶看見，是不同於辦案的一項技能，也需要投注精力時間發展。

引案之所以是晉升合夥人的關鍵，是因為當家者肩負「把餅做大」的責任，才能維繫事務所營運。規劃 2000 年合夥制的靈魂人物顧立雄律師[4]，成功建立了延續至今的合夥制度：「合夥要成功，一定要把餅做大，就不怕合夥人愈來愈多。如果不把餅做大，永遠還是這樣的營業規模，每個人進來就會分掉其他人的部分，每個人的收入就會愈來愈少。」所以，合夥人最重要的必然是引案能力，是推動事務所發展、擴張，並健康營運的核心技能。

　　不過，對律師個人來說，引案的挑戰在於時間有限。當辦案已經占據絕大部分的精力，很難有能量參與社交活動、探索新領域、提升個人能見度。很多合夥律師都提到，執業初期，每天工作十幾個小時是常態，畢竟是律師養成的重要階段。合夥律師陳一銘說：「年輕時候一定是週末只休一天，週六或週日一整天需要在辦公室工作，因為平常都在開會開庭，不可能有時間寫狀想事情。」助理合夥律師趙珮怡進一步說明，「一天二十四小時是固定的，」要在上班時間內處理完工作已經不容易，對她來說，其他時間投入公益服務、保持運動維持健康，是優先順位，不容易再有時間投入業務開發。合夥律師洪邦桓也提到，他在思考是否往合夥人前進時，也曾經跟家人討論、調整，可能需要再投入更多時間到工作上。

　　引案，是另一項需要投資時間精力培養的技能。挑戰成為合夥人時，不只是個人需改變，甚至犧牲原有生活方式，也連帶到私領域的調整與配合，往往是家人有相對應的付出與支持。許多資深合夥人感謝家人分擔家務與照護，也反映

了這一點。

以案養案，水到渠成

對萬國來說，引案，很大程度還是仰賴萬國一貫的正派作風。萬國自早年以來，案源就是「以案養案」，用認真的辦案態度、專業的法律素養取得客戶肯定，當事人是信賴萬國表現而來[5]。至今，這個傳統的影響依舊深刻。合夥律師洪志勳提到一個關鍵詞，拓展業務是「水到渠成」：律師跟客戶的信任感不可能從天而降，由原本的客戶口耳相傳，公司老闆的人脈推薦，如此介紹來的案件成案機率才高。合夥律師陳文智也進一步說明：「由現在的客戶去介紹客戶，通常被介紹的公司是已經發生具體的案件需求，臨時找不到適合的律師，他只好問問他的朋友，這樣找來的案件，立即委託的可能性就非常高。」換言之，機會是留給準備好的人，萬國長期耕耘專業，用心服務每一個客戶，才是能夠承接客戶轉介需求的主因。

> "
> **萬國自早年以來，案源就是「以案養案」，用認真的辦案態度、專業的法律素養取得客戶肯定，當事人是信賴萬國表現而來。**
> "

另一方面，以案養案的第二個面向是長期承接同一客戶的各項需求。資深合夥律師林發立就說，「也不是什麼大學問。」所有案件的累積都是從一個合作開始，慢慢愈來愈多。「不是說每個案子都會答應，我們也從來不做這樣子的擔保，只是說每個案子談過，最後九成以上，案件我講的結果大概就是如何。久了，他就知道我會如實的說明跟分析，配合過程也愉快，他就會持續找你。」此外，當然也跟客戶本身習慣有關。萬國有為數不少的日本客戶，而日商本來就傾向長期合作，除非發生重大事件，才會考慮換律師。資深合夥律師鍾文岳就提到，一些大的日商客戶，一開始是辦智慧財產權案件，「關係好了之後，他什麼事情都委託，現在連人事、土地糾紛相關、勞務的事情也都會來問。」他很感激客戶的委託需求，逼著自己要學很多新東西，「這個都是要謝謝他們。」

　　最後，以案養案的第三個面向，其實是集體的穩健經營——「萬國」兩字已經成為共同資產。合夥律師高志明就說：「畢竟萬國長期累積聲譽。」以他擅長的日文業務領域來說，台灣律師業的佼佼者相當穩固，如果有新的客戶需求，萬國很自然地會在日本校友圈內受到推薦，也會有其他同業肯定，進而接觸萬國。顧立雄則是用「汽車音響面板理論」來說明：「汽車面板只會設定幾個電台，比如說八個電台，那你在這八個電台裡面，當有事件發生時，他都會想到你。」以他自己為例，「在刑事訴訟這一塊，成為一位成功的律師，每個發生重大案件的時候都會想到你，要找你來。」換言之，萬國做為頂級事務所，任何重大爭議發生時，一定會成為一個穩健的選項。這是集體努力與時間加乘的效果，長期維持卓越，案件累積成聲譽，也是一種以案養案。

分享法律專業，拓展業務客群

不過，萬國這種穩紮穩打的風格，在案件開拓上還是比較辛苦[6]。現在的合夥律師也開始思考，如何在萬國的優良基礎上，做出更多元、更積極的發展。不少人都扣緊萬國專業知識的優勢，把握各種機會曝光，增加萬國在市場前緣的知名度。合夥律師陳誌泓分享他的學習：「必須讓自己在各方面都獲得曝光，」包括參加活動、出席研討會，讓別人知道有些業務只有你會。他進一步以企業演講為例：

> 我在日本留學後，有一件事情我不知道自己會做，其實也不太肯做：用日文幫客戶上課，內容是台灣的法律。這有市場，董監事不是都要上課十二個小時？如果日商公司的董事是日本人，那當然可以找台灣人用日文幫他們上課，內容包含公司法或者是證券交易法，讓所有董事都聽得懂。但對外國人講這麼細膩的法律，其實挑戰很多，準備時間很長，等於是用非母語講自己母國的東西。當然聽課的日本人不一定會挑戰你的用語，但如果是有要求的人，自己也會希望表現是好的，所以都需要很長的時間準備及投入。

　　陳誌泓律師隸屬於訴訟部門，但他也去邀請非訟部門合作，能說日文的律師都一起投入。「一個人做很累，三小時一堂課，連續講兩個星期，人就翹辮子了。」辛苦歸辛苦，從業務拓展的角度來說還是值得去做，「你不能選擇只辦有收入的案子，而不去辦一些沒有收入的案子。」另一位合夥律師陳一銘也舉例，他剛協助企業完成一份環境社會公司治理的報告（Environmental, Social and Governance, ESG）。傳統上，企業傾向由會計師事務所而非律師來完成這類型的任務，但他認為是值得嘗試的新模式。開發業務不是立刻會有回饋的事，但投入總有累積，總要嘗試。

　　透過分享法律專業，拓展業務客群的行動之中，特別值得注意的是資深合夥律師林發立的自媒體。過去兩、三年來，林發立經營部落格、臉書粉絲專頁、YouTube 頻道以及 podcast 節目[7]，說明文化創意產業牽涉的各種法律問題。他想為產業提供真正能夠發揮作用的法律知識，也認為這是建立律師專業品牌、發展客戶的重要管道：

很多法律人講法律知識是漂浮在半空中的，你講的都對，大家都聽得懂，可是操作產業的人沒有辦法連線他的日常操作。我覺得這個問題非常嚴重，其實一直都沒有人在做這個東西。那時候確實就是我自己下的一個決定了，我覺得我要多做一點，我要吸引業界去注意，我要給出去的就要是能夠落地的知識。

林發立律師討論的主題遍布文創各個面向：群眾募資、新創商標、經紀合約、歌曲與演唱會的著作權、廣告代言、人工智慧延伸出的著作權爭議，都是直接回應產業工作者的需求。這一點，其實跟萬國一直以來在做的事情並無二致：整理介紹法律知識，站在使用者的角度回答問題，而潛在的客戶終究會慕名而來。「很多人知道我其實是國內少數了解這是什麼東西的人，就會從雜誌、節目或是業界互相介紹。這本來就是律師發展自己客戶圈很重要的一個管道。」

另外，從台灣出發，向國外發展，也是努力的方向。洪志勳律師談到他會輔導新創事業，從台灣境內的法律遵循（legal compliance），發展到國際拓點與投資。陳文智律師

也說，原本他就以服務外商客戶為主，「我們要去努力的就是外商客戶，」常常去參加研討會、跑國外的律師事務所，跟國外律師合作案件，每個國家的律師就各自法域提供服務。科技法律部的專利經理侯春岑，也分享如何在新領域開發業務：「相對於 IT 業務本所已有一定的基礎客源，生技跟化學領域初期沒什麼案子的時候，我們就到處跑，想辦法開發業務。」

侯春岑回憶，她曾經跟著郭雨嵐律師、蘇宜益顧問，參加國內外各種生物科技相關的研討會，與生技業界的人士或專利業界交流，「真的就是一直在做 promotion（宣傳），有點像 Sales（業務）的感覺。」但是，努力總會有回報，口碑逐漸累積：爭取到台灣的重要研究機構，為高端複雜的技術，從無到有，寫出品質良好的專利；或者是協助新創公司專利布局，打下踏實且完整的產品智財權布局基礎，並一路陪伴著新創公司、看著它們成長、壯大到上櫃。這些，全部都是萬國穩紮穩打的傳統，不斷翻新出下一波的可能性。

萬國的金字招牌是共同資產。專業辦案、全面服務、卓

越品質，都是萬國長久以來維持不墜的名譽與事實。不過，隨著時代變化，迎接挑戰並適時改變，也才能維繫卓越，持續擴張。每個世代的萬國人必然都還是有其挑戰，這也是所有合夥人正在面對與思考的課題。

萬國的高要求是栽培，不是消耗

萬國的訓練過程可說是千錘百鍊，培養出兢兢業業的法律人才。但是，在嚴謹、漫長、高要求的這一面以外，萬國對待人才的另一面其實是愛護與接納。

萬國有老派的厚道，不會把年輕人當成免洗人力。雖然工作辛勞，但受雇律師們也肯定，萬國的要求是栽培，不是消耗 —— 不過，如何判定高要求是栽培，不是消耗？

第一個特徵是工作辛勞的終點，有正能量。可能是個人成就感，抑或是共同奮鬥的革命情感。文匯法律事務所的黃慧萍律師回想九〇年代，在萬國的日子雖然忙累，但團隊情感深厚，業界少見：「大家一起在這個法律的世界裡，

幫自己的客戶找出路，那種感覺就是一個團隊，很棒很棒。」辛苦跟抱怨是真實的，但好感情也是真的。

> 在嚴謹、漫長、高要求的這一面以外，萬國對待人才的另一面其實是愛護與接納。

二十一世紀的今天，年輕的李佶穎律師也提到類似的感受。「辛苦的時候會想，我到底為什麼要這樣生活？」工時長是真的很辛苦，李佶穎會樂觀地假設自己可以準時下班，所以故意不訂晚上的便當，最後往往變成一路餓肚子，很晚才終於去吃飯。但是，「做到有趣的案子，這工作真的很有趣。」他說，以前在台大教民事訴訟法的邱聯恭教授，下課時都會說，我們今天就享受到這邊；他下班時，也會這樣跟自己說：「我們今天就享受到這邊吧。」

栽培人才的第二個特徵是允許人有極限。台北地方法院的蘇宏杰法官，轉任法官之前於萬國執業將近十四年，他分享一段極有畫面的軼事：

　　我剛開始那幾年真的滿忙的。有個客戶會一直丟案子來，我已經做到不可開交了，忽然他又丟了一個新的案子，我就在我辦公室哀嚎：「什麼，又來了！」那個合夥人剛好從走廊經過，他聽到，就跑進來說，那這件就給另外一個律師辦。在萬國「其實案件太多，你反應，合夥人是可以做案件調配的。案件量可以不要超出你的負擔。

　　萬國是大所，人力調度有空間；這個空間，會拿來支持受雇律師。助理合夥律師李維中也分享他做菜鳥的故事──在自己還沒有求助的時候，資深律師就發現他的緊繃，為他向合夥人爭取空間，緩解工作量：

　　我到萬國的時候其實工時滿長的，常常都是工作到凌晨，花時間仔細確認檔案，寫書狀。一位資深律師知道這件事情，他就直接去跟老闆說：是不是能提醒老闆，現在員工有這樣情況，如果未來撐不下去，他可能身體垮掉，也就會離開了。是不是要調整一下我的工作？資深律師去做這件事情，我完全不知道。他可能覺

得，以他現在的資深程度，有能力照顧下面的律師同
仁，所以他就去做了。這件事我一直感念在心，因為我
自己一定不可能去跟老闆這樣講。但是他看在眼裡，就
幫我去跟老闆講。

這個故事裡，不只是資深律師照顧新人的行動值得注
意，位居中階的資深律師願意向合夥人提出建議、而合夥人
也願意接納資深律師判斷的雙向信任，令人印象深刻。畢
竟，在職場上，中階主管扮演溝通橋梁的角色並非易事，夾
心餅乾的尷尬常見。但在李維中的經驗裡，中層律師可以真
實地呈報下屬的難處，知道自己不會變成打小報告，不會為
自己或新人招致不利益的後果，這些都是在接納而信任的環
境中才可能發生。

接納與信任是傳承的關鍵

接納，是萬國培育人才的另一個核心要素。

接納人才，就是允許每個人做他自己。只要能跟得上法
律專業的要求，認同萬國服務客戶的原則，以及貢獻社會的

理念，無論個人個性或特質如何，都能為萬國所用。助理合夥律師白友桂說：「萬國對我來說是很包容我的地方。它的包容其實不只是針對我個人，而是全面性的。它可以看到每個人不同的特質、不同的長處，不是一個完全以利益為導向的事務所。」萬國很清楚自己的原則與目標，只要是認同共同願景的律師，就能一起共事。合夥律師陳鵬光也說：「一個事務所要能大、可久，其實需要多方面的人才，而不是單一的想法和單一的目標。」

事實上，也有合夥人謙虛地提及自己做律師的不足之處，並感謝萬國的接納。資深合夥律師范瑞華自認，「我不是那種光鮮搶眼型的律師，」在萬國多年，除了參與NGO、律師公會與零星的校友活動之外，其實沒有太投入業務經營，「就只有辦案、還是辦案而已。我這樣的人還能以合夥人身分存活，只能說這裡的容納性是大的。」

合夥律師謝祥揚則是從另一個角度提及「接納」：創新其實是在接納的環境中才會發生。「萬國是個健康、允許人發展的環境，容許訴訟上的創新主張。上面那個人是什麼角

> **接納，是萬國培育人才的另一個核心要素。接納人才，就是允許每個人做他自己。**

度看你很重要，他如果這不行、那不行，一、兩次之後你就不會做了。」謝祥揚律師從 2006 年進入萬國，長期合作的資深合夥律師往往願意支持他提出新的法律見解，「郭雨嵐律師就是抓大方向，你的想法如果法律上有依據，姑且一試，why not ？」

無獨有偶，顧立雄律師也曾使用「容忍」一詞，來描述當年萬國如何支持他投入社會改革。九〇年代的台灣，從威權轉向民主過程需要大量律師投入，而當年他跟很多夥伴「是一腔熱血的年輕人」，才會從律師公會選舉、司法改革、性別與環保運動一路開枝散葉。「萬國相當程度的容忍我們這些年輕人去從事這些工作。容忍是很重要的；就是說你不去賺錢，每天搞這些有的沒有的。你是受雇嘛，你拿的是固定的薪水，願意讓你去從事社會參與，基本上是有他們的鼓勵在裡面。」

　　確實，接納是從創所律師就開始的優良傳統。充分表達意見，盡量達成共識，不計較，一直都是四個創所律師引以為傲的經營理念。這種相互尊重、接納不同的態度，不只是萬國早期的經營理念，也正是萬國能擴張、壯大規模的原因 —— 創所律師最大的接納，就是開放合夥，邀請更多年輕的合夥人，一起創造萬國。

　　西元 2000 年，萬國新合夥成立[8]，一口氣邀請八位中生代律師成為合夥人：顧立雄、郭雨嵐、程春益、張嘉真、林雅芬、黃三榮、林發立、黃帥升[9]。一次就有八位年輕律師加入，是要相互補強新生代的能量。賴浩敏說：「多找幾個人共同集眾志、集眾力把它撐起來[10]，」畢竟，當時創所律師已經六十幾歲，如果只有兩、三位合夥人加入，「那還是以我們為主在做啊！」創所律師們接受的制度，是真正的合夥，所有合夥律師都平起平坐，每個人都只有一票，「經營了二十五年的 know how、經驗與資產，整個事務所有形無形的東西，全都變成共同的，都奉獻出來。[11]」

　　這次的合夥成功，是萬國發展的關鍵：「四位創所律師奠基了萬國這個基礎，2000 年那一次加入了新的合夥人，才讓萬國成長成一個真正的大所。」黃慧萍從律師個人職涯以及事務所的發展歷程來分析：

　　　　上一代的人，體力跟反應，各方面一定會走下坡，如果沒有新一代人去銜接，事務所怎麼擴大？怎麼繼續下去？這時候，原本的這群合夥律師願意讓，願意讓你們進來，那事務所才有機會成長。每個新進合夥人都有各自的風格跟特質，在這個招牌底下，合夥人又引進了發展不同的面向，你才可以成為一個全面性的法律事務所。

　　當年，顧立雄主要負責設計合夥制度，也明確地肯定新合夥為萬國帶來強健的動能：「2000 年的開放，是真正的開放。每個新的合夥人進來，有帶動他的誘因去努力、案源擴大，然後去成長。之後整個營業收入大幅的增長，幾乎是倍數的成長。」李克和顧問也認為，新合夥帶來的發展是更

上層樓：「2000 年以後，不只是在非訟部門、也不只日系客戶，整個業務都發展得比較大。或許新進合夥律師們幹勁本來就比較充足，他的 incentive（動機）也在，再加上原先已經具有的辦案嚴謹能力與在外的名聲，後面輔助機制進來，讓整個事務所發展更加穩固。」

更進一步，接納而相互尊重的作風，也是萬國成長為一個大事務所之後，能保持團結、持續前進的原因。至今，二十三位合夥人還是延續同樣的行事作風，決策盡量追求共識，不同意見者可盡情表達；而且，最重要的是，尊重、祝福與自己不同意見的人。合夥律師陳文智談及合夥人之間的相處，即使別人的做法自己有所懷疑，但是：

　　除非他做的事情私心太重，或者對事務所明顯不利，即便他的做法我們不贊同，通常也最好是保持尊重，因為畢竟他想要做。有人願意花時間、花精力去做，其實我們就是要尊重，也就是說期待他做得好。畢竟大家看事情的角度不一樣。他的做法如果有利於事務所整體業務推進，雖然做法上有一些不一樣的看法，但

是就是要尊重。這樣才有辦法大家一起往前走。

萬國的接納，發生在各方面。垂直面上，資深律師接納年輕人在萬國成長、接班、投入社會改革；水平面上，相互尊重、接納個人差異，因而可以團結前進。

從萬國發展的歷史來看，接納與信任是創所律師們的起點，也是新合夥擴張的轉捩點，更是萬國精神代代傳承的關鍵。一方面，接納帶來正向的營運效果，允許每個律師表現，用不同的方式貢獻。於是，從組織內部產生制度變革，事務所的規模擴大，新一代的榮景是必然的結果。另一方面，接納也創造了友善的創新環境，在法律專業上，允許江山代有人才出；在社會服務上，則保留了貢獻台灣的公共關懷。從這兩點看來，接納最強大的效果是更新，而更新反而是真正的傳承 —— 當萬國不再是原本的萬國，更新版本的萬國團隊，反而根本地傳承了萬國的共同資產。

萬國培訓人才，可說是剛柔並濟，在嚴格高壓的要求底下，是溫厚接納的底蘊。從四位創所律師到二十三位合夥律

師，事務所從十幾個人到近兩百人，團隊組織從單純的律師與法律助理，發展到四個職涯階段的律師、專利工程師與專員、商標人員、翻譯顧問，再加上行政部門。如此規模的事務所，相互尊重，有容乃大，是成功的祕訣。

萬國培育出的優秀人才，五十年來不知凡幾。從法律人才的角度看來，萬國不只是一家法律事務所的共同資產，萬國本身就是台灣法律行業的重要資產，甚至，更是台灣社會的資產。

深耕法律職業，大家共好

萬國不只是嚴格訓練、善待夥伴，對同業的深刻尊重，期許大家共好的正派經營，也為人稱道。

早期，萬國的創所律師就很願意跟其他同業分享律師合夥的經營之道。寰瀛法律事務所創立於 1997 年，是台灣頗有規模的中大型律師事務所。古嘉諄律師[12] 曾任寰瀛的主持律師，他提過：「當年，范光群律師知道我要開事務

> **接納與信任是創所律師們的起點，也是新合夥擴張的轉捩點，更是萬國精神代代傳承的關鍵。**

所，竟然找了萬國其他創所合夥律師賴浩敏、陳傳岳、黃柏夫，在福華飯店宴請我跟合夥人葉大殷、陳錦隆、劉志鵬，把萬國的經驗，無私地傳授給我們。」劉志鵬律師也曾經提到萬國前輩們的分享。寰瀛當年的創所合夥律師，主要就是四位龍祥破產管理人，身為財神酒店破產管理人的范光群，當時就已經傾囊相授，四位律師要合夥時更是知無不言，甚至連「太座不干預所務」的細節都加以提醒[13]。

四位創所律師重視、指導受雇律師，再加上萬國發展出的團隊工作模式，也讓萬國素有「律師訓練所」之稱[14]。五十年來，曾經任職於萬國而後自行執業的律師，難以計數。不論是單獨執業、合署、經營中小型事務所，或者再轉往其他大型法律事務所；後來執業的區域與業務領域；以及，萬國校友在自行執業的事務所，以類似的訓練模式，帶

出下一個世代的律師，而年輕世代又再延伸出去獨立執業。萬國人的影響力，在這一點上，像是萬流入海，廣泛而安靜地支持著台灣律師業。

萬國人在萬國之外執業，究竟有什麼特性？文匯法律事務所的黃慧萍律師用「跑車」給了一個非常生動的比喻。在萬國的時候，她跟著創所律師們工作，「那時候我覺得我動作怎麼那麼慢，然後文筆也不如，」出來執業之後才發現，那是因為萬國的環境是 A 級方程式，萬國律師都是超跑，所以才覺得自己跑得慢，彷彿騎腳踏車那樣追得好累。「但其實我也是跑車！出到一般馬路的時候才發現，天啊，我怎麼跑得超快的！」

黃慧萍說明文匯如何受到萬國影響：「我們一路這樣看著，包括執業的理念，經營事務所的態度，有點像父母去影響子女。」萬國所賦予的價值觀，像是「不計較」——律師要合夥不容易，共享資源與利益，也就是吃虧跟占便宜都有可能，要走下去，就靠合夥人之間彼此包容與體諒，「其實我們也是受到當時創所律師概念的影響。」萬國所賦予的

價值觀還有「絕對不貶低同業」。Ａ級方程式出來的跑車提供服務，收費高於一般市場，有時候也會接受挑戰：「很多人來找我時會說，你為什麼收費比外面律師貴？我們只會跟客戶講，那個律師對你真的太好了，給你很優惠的價格。我是高收費，我只能說我的收費是合理的。不需要去貶低同道。」換言之，自己的好，可以說明，但別人如何，不去評斷。因為貶低同業，就是貶低法律人，也就是貶低自己，「同業的尊重，是萬國很在意的準則。」

　　尊重同業，大家共好，應該就是萬國人才影響力的關鍵了 —— 技藝超群的師傅，總是會有表現傑出的弟子。但是，成為一代宗師、開門立派乃至於桃李天下，還需要正派的理念，以及大家共好的願景。重點不在於自己比別人好，重點是要求自己做好，然後支持別人更好。如此一來，優異的人才愈來愈多，都能一起投入，實踐正派理念，願景才會愈來愈壯大、愈來愈踏實。或許，這也是為什麼蘇宏杰法官，另一位從律師轉任法官的萬國校友，覺得萬國「像是台灣壽司界的高玉」。高玉日本料理培育了很多優異的師傅，

> ＂
>
> **自己的好，可以說明，但別人如何，不去評斷。因為貶低同業，就是貶低法律人，也就是貶低自己，同業的尊重，是萬國很在意的準則。**
>
> ＂

台北很多好餐廳都是高玉出去的師傅開的。

不管是高速的跑車，還是美味的壽司，總之萬國是以高品質與正派來要求自己。對自我的要求，來自於深刻的自重，也就是對「法律人」這個職業的深刻尊重。也因為自重，所以也真誠地希望同業共好。

在野在朝，法曹共同努力

值得注意的是，萬國人不只是在律師業內耕耘。萬國人的忠誠是向著整體法律人 —— 不管是在野法曹，還是在朝法曹，制度、位置雖然不同，但共榮共好，一起為台灣法治努力。萬國人在萬國之外執業，除了繼續做律師之外，也有不少人進入司法體制，走到訴訟制度的另外一個角色上。

萬國人做法官，其實早期就有前例。過去，律師高考錄取率低 [15]，也沒有實習制度，有些法律系畢業生會在律師事

務所擔任助理，準備考試、學習經驗。萬國的草創時期，就是四位創所律師帶著四位助理工作[16]：黃虹霞跟著范光群，賴浩敏的助理是葉添勝，黃柏夫的助理是蔡明宛，陳傳岳的助理則是彭學聖。不少在萬國的法律助理，後來都考上律師或司法官[17]，進入法院服務者也不少見。

　　現為高等法院花蓮分院院長的法官陳真真，就曾經是范光群的法律助理（1979-1982）；後來，范光群任司法院祕書長期間，陳真真又到民事廳任副廳長，再次成為工作夥伴。陳真真法官在司法體系內擔任過許多重要職位，包括高雄地方法院與高雄高分院的庭長，最高法院辦事法官，也曾經在福建高等法院金門分院任院長。她早年參與司法改革：1994 年，當時的司法院長施啟揚決定設立司法改革委員會，有三個委員，將由地方法院法官選舉產生。台北地院周占春、台中地院呂太郎、高雄地院陳真真三位法官組成北、中、南連線，主動向全國法官寫信自介，說明他們對司改的想法與改善方案，三人都順利當選[18]。

　　陳真真曾撰文紀錄萬國對她的影響：「在萬國那一年，

由具體個案處理，終於清楚法律如何適用。但是我可以驕傲地說，我學到的不只是如此。」萬國辦案堅守價值、絕對不走後門的作風，對她來說是「震撼教育」：

> 當時有一位大戶私下要求事務所的行政助理，代為交付三千元給執行處書記官，以儘速取得啟封的公文。范祕震怒，與事務所合夥律師開會達成共識後，與當事人談判，當事人不承認該行為有何不當，事務所不願繼續處理該當事人案件，一百多件案件同時撤出，損失不貲[19]。

有意思的是，陳真真後來成為法官，自認「有一點道德上的潔癖，」連辦公桌上放著金融機構送的文具贈品都會有點為難[20]。她看重法官追求真實、為自己判決負責的原則，這聽起來，應該也是萬國會贊同的法律人風骨。

近年，台灣律師轉任法官的制度逐漸上軌道，而萬國在這項變革當中的角色也值得注意。律師轉任法官的制度，由萬國創所律師范光群擔任司法院祕書長時戮力推動，在另一

位創所律師賴浩敏任司法院長期間，因《法官法》通過生效而更上軌道。在制度條件逐漸成熟之際，近年也有好幾

> 萬國人的忠誠是向著整體法律人 —— 不管是在野法曹，還是在朝法曹，制度、位置雖然不同，但共榮共好，一起為台灣法治努力。

位萬國律師循此轉任法官，於體制內繼續服務。

　　長期以來，台灣的法律職業是在職涯一開始就分流[21]。律師有律師考試，法官與檢察官則有司法官考試，法官與檢察官合考合訓，在培訓結業時才依據成績與意願分發為法官與檢察官。司法官進入司法體制內工作，而律師是面對大眾、提供服務。執業環境不同，工作要求不同，收入邏輯也不同，長期下來，不同法律職業對司法制度的看法與政策立場往往大相逕庭，甚至「可說根本是兩個世界的人」[22]。

　　律師與司法官的差異，也因為台灣的威權歷史有更深一層隔閡。黨國體制透過訓練與行政管理，長期馴化、控制法院與檢察體系[23]，檢察官受到上級影響的程度尤勝於法官[24]。律師是在野法曹，雖然未曾外於黨國體制影響[25]，但相較於

法官天天面對行政體系與黨國組織，影響還是較為間接[26]。這或許也解釋了台灣法律職業內部產生集體行動的時間點，最早是從律師公會出現[27]，其次為法官發起的審判獨立運動[28]，最後是檢察官改革行動[29]。更進一步，由於台灣在威權時代，許多法律制度未真正落實保障人權[30]，法院亦有受政治控制的經驗，判決產生輔助威權治理的效果，法官高高在上，缺乏問責機制[31]，有很多正派的法官受不了法院環境，選擇離開。萬國創所律師陳傳岳、范光群與黃柏夫都曾任法官，也都曾經歷過關說[32]、不受尊重[33]、甚至是「對司法生涯厭惡至極」[34]，促成他們轉任律師的決定。也難怪，過去許多律師都對法院相當不滿，也在民主化過程中，將法院視為改革的目標。

換句話說，律師與法官不只職涯有別，台灣的威權歷史也使他們產生了非常不一樣的職業認同，甚至是對立的政策立場。

由此看來，律師轉任法官具有非常特殊的意義。一方面，由於台灣的法院背負威權遺緒的罵名，而法官養成是

> **差異不必然是敵意，保持獨立也仍然可以合作。無論法曹在朝在野，都還是台灣的法律人，都共同守護台灣的法治與民主。**

封閉的獨立管道，所以如果打開法官的任用管道，讓不同的法律專業工作者 —— 律師、教授、檢察官與其他司法人員 —— 加入，可以促成較為多元、透明的法官組成，有助於建構法院的正當性。另一方面，因為律師與法官有各自的歷史經驗與集體行動，在一般日常工作上，雙方也有迴避社交的理由，進而長期壁壘分明，也可以理解。但是，差異不必然是敵意，保持獨立也仍然可以合作。無論法曹在朝在野，都還是台灣的法律人，都共同守護台灣的法治與民主。兩種職業相互流動，不只可以增進了解與尊重，確立台灣法律人的核心認同，彼此的經驗也可共同積累，司法實務與法律制度得以進步。

律師轉任法官的法律依據早在 1989 年就出現，《司法人員人事條例》第九條第三項，「經律師考試及格並執行律師業務三年以上，成績優良，具有薦任職任用資格者」，

可以任用為地方法院法官。而司法院也據此辦理審查，設有《司法院遴選律師、教授、副教授、講師充任法院法官審查辦法》。不過，依據此辦法，轉任只能由律師自行申請 —— 而實際上，律師很難有動力主動申請進入司法體系。畢竟，早期通過律師考試的律師人數很少，市場有相當優勢，而司法體系的工作環境也不能說是非常理想。

2003 年，創所律師范光群接受司法院長翁岳生的邀請，擔任司法院祕書長一職。長期投入司法改革，范光群相當重視法官任用多元化的政策，投入很多心力。在規範上，為了要讓司法院可以更主動地邀請資深、優秀的律師，先後推動修改了《司法人員人事條例》以及上述司法院的遴選審查辦法[35]，增加司法院「公開甄試」以及「主動遴選」兩種律師轉任的管道。在這三種管道當中，律師自行申請轉任以及司法院公開甄選，陸續有律師成功轉任[36]，但「主動遴選」卻推動困難。

這也是當時范光群投入甚深的地方。根據黃瑞明的回憶，當時范光群自己列了一個資深律師的名單，逐一打電話

請託，請他們慎重考慮是否願意轉任法官。理律法律事務所的李念祖律師也曾接到電話，「當初他來找我，我確實審慎評估過[37]。」不過，主動遴選找的是執業十四年以上的優秀律師，范光群事後判斷，「司法環境包括法官待遇、工作負擔，尚不足吸引此輩一流人才轉任。」雖然人數掛蛋，但范光群的個人努力以及制度目的，似乎還是相當受到同業肯定：「他在做一件很困難的事，而且，那時候不成功，不代表這個制度不對[38]。」

　　果然，「那時候」終究變成了「這時候」，時間過去，情境也改變了。

不同位置，同為權利守護者

　　2010 年，萬國創所律師賴浩敏接受馬英九總統的請託，接任司法院長。2011 年，《法官法》通過，隔年施行，其中第五條第一項即為法官多元進用制度之基礎，除司法官考試及格者外，律師、公設辯護人、學者，或回任之法官檢察官，都可以接掌審判工作，成為法官；而《法官遴選

辦法》也進一步規範律師轉任法官的三個管道，包括自行申請、司法院公開甄試與主動推薦[39]。2012 年，開始有律師依據上述法規轉任法官。

就目前可得之公開數據，自 2012 年至 2023 年，全國共有九十一位律師透過公開甄試轉任法官合格，另外有四十七位律師自行申請後合格[40]。整體而言，轉任法官的律師普遍年紀不大，44 歲以下者占九成，北部律師穩定占四成以上（兩種管道皆是）。從數字與申請人名冊看來，確實吸引了想轉換跑道的中生代律師成為法官。有意願轉任的人流規模雖然不很大，但頗為穩定，尤其是原本就有法官助理經驗的律師，在執業（很多是在中小型事務所）一段時間之後，願意嘗試進入司法體系。值得注意的是，轉任法官的律師，出身大事務所者並不多見[41]。而萬國目前至少有七名校友成功轉任法官：有四位是直接從萬國轉任法官，三位是先轉任法務或其他事務所，再成為法官。

2019 年申請轉任法官的蘇宏杰分享他的經驗：「我自己是覺得，律師當了十幾年有瓶頸，而且我不是很 social

（社交）的人，找客戶這件事我覺得很累。」既然沒有考慮往合夥人的方向發展，轉任法官就成為一個選項，而萬國也支持他的選擇。畢竟，「去公部門是去做公益，是去另一個公益程度更高的業界。」所以蘇宏杰一開始在準備申請文件中的書類審查資料時，就直接跟合夥人說明，「我會挑我之前主要寫的訴狀，印出來送司法院。」

律師跟法官的角色終究不同，進入法院，轉換跑道，如何調整？蘇宏杰法官提出兩個看法：獨立判斷的狀態不同，以及處理案件必須更有效率。在萬國，團隊辦案的好處是嚴密，「壞處可能就是比較花時間。」年輕律師獨立做判斷、負責案件的時間點會比較晚。但是法官的獨任案件，百分之百要由法官本人下決定，即使跟人討論，頂多是討論法律見解，為個案事實下判斷是審判獨立的核心，法官個人必須完全負責。蘇宏杰感覺，轉換的過程中，「一開始，決定的速度會比較慢，我想的比較多。」這是律師與法官根本的不同，也與他過去團隊辦案的經驗相關。

此外，法院的案件量真的很多。蘇宏杰法官派任兩年

半，「我寫的判決裁定大概已經六百多件了。」過去半年辦的刑事案件量，可能比他在萬國十幾年的總和還多。除了量多之外，律師與法官工作的評核標準根本不同，也使法官必須更有效率地管理與處理案件：

> 以前，卷證多的案子，你可以花非常多時間去做。它可能是一個 hourly（按時計酬）案子[42]，所以我做得愈細、愈多，仔細完整，並不會影響我的 performance（表現）， 反而更好。以前有一件一千多人的案件，花好多時間在核對都沒關係。現在完全不一樣，現在就是你做愈多，就愈是擠壓到你的生活，擠壓你的時間。

法官的表現，在司法行政系統裡是以案件為單位，記錄法官處理的各項指標，包括案件數量、速度、是否被上級審接受等等。一般程序的訴訟案件，每個案子複雜程度不一，但原則上一件就是一件。換句話說，當評估表現的單位從「每個小時」轉為「每個案件」，工作的重點就會改變。蘇宏杰說：「現在的挑戰是怎麼管理案件、分配時間。在有限

的時間把案子做好。」

　　不過，雖然轉換有其挑戰，但蘇宏杰法官也認為，新職涯還是跟萬國經驗銜接得很好。一方面，萬國團隊辦案的合作模式其實有點像法院合議庭，彼此要討論、說服、折衷，而且受命法官要把第一稿寫出來，也像是當時在萬國主辦律師的角色。另一方面，專業累積是延續的過程，過去在萬國是以訴訟業務為主，非訟也有接觸，這些知識都有幫助，尤其基礎辦案能力，「比如說看卷證、案件分析，或研究搜尋法律見解，歸納能力。」都是反覆操練、鍛鍊法律人的基本功。從這一點看來，推動法官多元進用的政策方向，確實是正確的。好的法律人，即使是在不同的位置上，都會是好的權利守護者。

　　回顧二十一世紀，法官多元進用制度的發展，是台灣法律界相當重要的一段歷史。在這其中可以發現，萬國律師扮演了一定的角色。不只協助規劃政策，建構了律師轉任法官的管道，也在軌道建立後，陸續自告奮勇，實際地投入第一線的審判工作。身為台灣法曹的一份子，萬國人不只是以律

師的身分為當事人全力以赴,也願意轉換角色,穿上鑲藍邊的黑袍,審慎地接掌審判的權力。

策名就列,為國為民

若談到萬國人執掌權力,過去二十年來,進入政府服務、擔任公職的萬國人,也真是不少。萬國出過很多個第一:第一個出身律師的司法院祕書長,第一個出身律師的司法院長,第一個出身律師的憲法法院大法官,最近,還出現了第一個出身律師的國防部長。

乍看之下,或許會有萬國「很綠」的感覺。上述重大職位都是政治任命,四個職位之中,有三位萬國律師是由民進黨政府提名,只有一位是由國民黨政府提出的任命。不過,仔細觀察這四位萬國律師的貢獻,以及他們所接掌的任務,應該會有更精確的認識 —— 萬國不是綠的,也不是藍的,萬國是台灣的。

2003 年,萬國創所律師范光群接受司法院長翁岳生的邀請,成為司法院祕書長。他是第一位進入司法行政體系,

> **萬國不是綠的，也不是藍的，萬國是台灣的。**

制定、推動法院政策的改革派律師。不過，這並不是范光群律師第一次擔任公職。他在 2001 年 6 月受邀入閣，是首屆行政院客家委員會主委；2002 年 2 月，又受任命為台灣省政府主席；2003 年 5 月，因花蓮縣長張福興癌症過世，受行政院任命代理花蓮縣長三個月，至補選完成；2003 年 10 月，進入司法院成為祕書長。范光群律師到司法院是為了協助推動司法改革政策，這是長期投入的志業，可說是回到老本行。范光群在祕書長任內推動的政策非常多，國民參審制、司法程序透明、加強調解制度（Alternative Dispute Resolution, ADR）、司法院定位、司法院遷建，還負責協調眾多關鍵法案：《法官法》、《司法院組織法》、《刑事訴訟法》，積極扮演民間團體與政府部門之間的溝通橋梁。

范光群性格浪漫，對改革有熱情，執行力又強，當年（2001）成為第一個離開萬國、就任公職的合夥律師，並不令人意外。黃虹霞曾受訪表示：「如果有人願意放棄金錢、

利益去實現政治理想，那一定是范光群！[43]」

　　2010 年，另一位萬國創所律師賴浩敏獲得馬英九總統提名[44]，出任司法院院長，也當然兼任憲法法院大法官。這件事，從很多角度來看，都是預期之外的發展。首先，賴浩敏雖然法律實務經驗豐富、能力卓越，但一直都是律師，沒有當過法官，也沒有從事司法行政工作。司法院長的角色牽涉人事、資源、法案、制度，在當時的時空條件下，也要繼續推動司法改革，可以說是肩負沉重的政治責任。賴浩敏做律師時並未熱衷任團體領導職，後來正式任公職一年，立刻要成為三權分立中司法權的行政首長，確實是很大的轉變。萬國有許多律師長年投入民主化運動，包括參與台北律師公會以及全國律師公會聯合會選舉，都是以在野的角度倡議改革，挑戰威權，監督體制，賴浩敏在這樣的背景下成為政務官、再接掌司法行政，可謂台灣民主憲政度以及法律發展史上的重要里程碑。

　　當時，大法官的提名資格未包括資深律師[45]。規範上，賴浩敏不能憑藉以往的律師經歷獲得資格。馬英九總統是以

「研究法學，富有政治經驗，聲譽卓越者」提名。換言之，是因為有前一年的中選會資歷，才使得賴浩敏多年實務有了著力點，三項要件齊備，成為人選[46]。賴浩敏曾在自傳中表示，他長期擔任中選會委員、公投審議委員會委員、訴願委員會主任委員等等，都是兼任，是抱持著律師應投入社會公益的心情，為政府貢獻法律專業，完全沒有想過會踏上仕途。當年他本來都打算要退休，跟太太遊山玩水去了，沒想到從中選會委員變成主委，再躍升至憲法機關的首長，真可說是峰迴路轉的人生。

對照兩位萬國創所律師任公職的經驗，可以看出萬國人才貢獻國家的脈絡。范光群律師具本土意識，投入律師公會，也在 2000 年政黨輪替之際，支持陳水扁總統競選。當時，萬國還有范曉玲律師擔任陳水扁的司法白皮書執筆者[47]。范光群律師進入政府工作，乃至於協助司法院長推動司法改革，可見其延續性。至於賴浩敏律師，雖然是在國民黨執政期間出任公職，但是中央選舉委員會以及司法院都是具獨立性質的政府單位。中選會負責辦理選舉，是民主運作

的核心，也是超乎任何政黨、政策、議題的基礎，在概念上與規範上[48]都是獨立機關。司法院職掌法院事務，代表司法權，其獨立性不只在於維護審判獨立、保護人權，更負有制衡行政權與立法權的憲法責任。換句話說，賴浩敏擔任的公職，都是獨立性高並忠誠於國家的職位。也難怪，向來自詡「只有黑與白，沒有紅綠藍」[49]的他會願意接受這些任務，以法律專業與正直性格，為國家服務。

　　兩位創所律師之後，萬國人持續創造「第一」。黃虹霞律師於 2015 年接受蔡英文總統提命，經立法院同意，成為第一位以律師資歷進入憲法法院的大法官。黃虹霞律師的法律職涯都在萬國 —— 從法律助理做起，考上律師之後始終待在萬國。她習慣獨立作業，辦案品質又非常傑出，可說是如獨角獸般少見而珍貴。她曾說，做萬國人是很有榮譽感的一件事，以「大家閨秀」來描述這種出身名門的感受[50]。她多年來的專業深受同行肯定，是以台北律師公會與婦女法學會的推薦，成為大法官提名人。同時值得注意的，是她的社會關懷。與上述兩位創所律師不同的是，黃虹霞並未有政治

工作經驗，她大力投入的面向就是律師的本業：個案救濟。她代表過非常多冤案，受大眾矚目者，多歷時十餘年，這份關懷也一直延續到成為大法官之後。她曾主筆 112 年憲判字第 6 號，是關於軍法判決之特別救濟案，為含冤長達二十七年的被告王瑞豐開啟再審之門，終獲平反。

還有一位創造「第一」的萬國人，是顧立雄律師。顧立雄於 2016 年獲民進黨提名為不分區立法委員，後於同年任不當黨產處理委員會主任委員，再受任為金融監督管理委員會主任委員（2017 年）、國家安全會議祕書長（2020 年），2024 年則成為第一位出身律師的國防部長。

顧立雄長期投入社會倡議，從 1990 年代以來無役不與，曾任台灣法學會會長、台北律師公會理事長、民間司法改革基金會董事長、台灣人權促進會會長，在司法改革與人權運動的歷史上，留下許多關鍵足跡。他也是知名訴訟律師，經手眾多社會矚目案件，包括 2004 年總統選舉當選無效之訴、宋楚瑜控李登輝誹謗案（2005 年）、呂秀蓮控《新新聞》案（2000 年）、趙建銘台開案（2006 年）、國

務機要費案（2006年），也同時參與重要冤案救援。因為實在參與過太多重要案件，他已經很難說出哪個案件印象最深刻，「應該是說，發生事情的時候，我比較不會被嚇到，大家都會喜歡找我，然後到萬國來集結討論。」

在萬國，顧立雄是承接創所律師的重要世代。社會倡議行動者之間，很多人尊稱他為「顧老大」。政治上，媒體則說他「斜槓人生」，主政業務類型轉換很大，與他專業背景有落差[51]——這種說法乍聽之下不太友善，但似乎也捕捉到某種真實。顧立雄服公職，是不斷承接困難任務，哪裡困難哪裡去。只是，國家出現艱困任務的地方很多，他也就不斷接受徵召，轉換跑道。例如，追討不當黨產是轉型正義的一環，在規範與程序上都是高難度，而實際個案的調查、認定事實更不容易。但是，處理不當黨產是台灣民主化過程中，不能不做、天天跟時間賽跑的國家工程。金管會任內，顧立雄可以說是大刀闊斧，又興利又除弊。鼓勵金融科技創新，通過《金融科技發展與創新實驗條例》（即金融監理沙盒），推動開放銀行、核准純網路銀行；重視消費者保

護[52]，也強化公司治理問責性，如推動「金金分離」，降低金控公司之間的複雜關係，都是台灣金融業不能不做的體質調整。

很多事，對國家很重要，但很不好做。金管會卸任時，顧立雄就曾說過：「金管會是一個不好做的位置，也不知道未來去的地方是不是不好做。」[53]或許一語成讖，接下來的國安會祕書長、甚至是國防部長，都同樣屬於深不可測、但又是國家有迫切需求的位置。也或許，就是顧立雄這樣無畏無懼又使命必達的性格，讓他最終成為承接這些困難任務的人。

從這個角度說，顧立雄離開萬國，轉入公職，為國家承擔責任，這也是萬國人一路以來，沒有改變過的共同理念。

心向台灣，遍地開花

萬國律師之所以策名就列，進入政府服公職，是出於貢獻台灣的意圖。認識萬國人的這個核心認同，也就能理解其他萬國人在各行各業中的軌跡。不管是什麼行業別、組織態

樣、產業規模、甚至是不同國家，曾任職於萬國而認同萬國的律師，似乎都有心向台灣的理念。

如果我們對照理想性格強烈的非營利倡議組織，以及高度迎合市場的軟體新創生態系，就會驚奇地發現：即使是在如此迥異的工作環境裡，曾受萬國薰陶的律師，想的還是一模一樣的事情。

現為明日科技法律事務所主持律師的王琍瑩律師，她所帶領的法律團隊，內嵌於之初創業加速器／創業投資公司（AppWorks）的新創生態系。AppWorks 著重早期階段投資（從種子輪到 C 輪），獲得資金者多為台灣新創，但現在也有不少東南亞的團隊。王琍瑩律師的工作以契約協商為大宗，協助新創團隊，也協助投資人。她出身萬國科技法律部，又曾任宏達電子（HTC）資深法務，同時有事務所的訴訟經驗，與大公司內部運作的非訟訓練，「做他們日常運作的法務協助（day to day operation legal support），是綽綽有餘的。」而這份工作深具挑戰的部分，則是不斷跟上新創團隊的腳步，學習最新科技、商業模式，以及政策制定，與業

界領袖、政府部門共同討論、擬訂適合的規範與制度。

出身於萬國這樣一個老派、嚴謹的大戶人家，王珥瑩如何走到發展最前緣的新創市場？萬國的經驗，在她現在的工作上，扮演什麼樣的角色？

王律師直言：「我覺得我在 AppWorks 的生態系裡面待那麼久，是因為它跟萬國的脾氣很像。」她認為 AppWorks 跟萬國有非常相似的理念，都以台灣發展為最高指標。「AppWorks 有個北極星（North Star）叫做『讓台灣更好』（make Taiwan better），萬國也是，任何偏離這個軌道的事情都不用做。」她進一步舉兩個例子，第一個是投資案追求雙贏，第二個是規劃制度的原則。

比方說你問到利衝（利益衝突）的問題，即便是我做為 AppWorks 投資人的 counsel（法律顧問），也會一而再、再而三地被他們說服。就是那個佛心。很奇怪，他們在看 Term（條款）的時候，都是站在 Founder（創辦者）的立場看。我們太習慣甲方、乙方，甲方一定把線踩得死死的，乙方不要來占我便宜。可是你要想，投

資案是一旦投資人的錢進到了被投資的公司，大家是在同一艘船上。AppWorks 是我服務過這麼多投資人客戶裡，我覺得最堅守這個理念的。

換句話說，她身為投資方的律師，卻常常可以看到條約設計的出發點是提供誘因，讓團隊可以放心、放手去做。「將來他們把公司營運得很好的時候，投資人就藉此獲利了，是這樣子的投資思維。」這確實是一種智慧，也非常像是萬國人「大家共好」的理念。

第二個例子，則是她現在投注大量精力的政策倡議。許多科技前緣的技術與運用，都是處於無法可管的狀態。不管是業界或政府，都還在摸索、思考適合的監督管理規範。不過，監管政策其實是最表層的方法，真正重要的，是制度設計者的上位理念。這是王琍瑩律師發揮所長之處，也是她深刻受到萬國影響的地方，「就是萬國給我的 higher level vision（更高的視野／上位理念）。」

如果你去觀察國際趨勢，世界各國怎樣看待這些科技的觀點，會發現現在所有 AI 跟 Blockchain（區塊鏈）科技都是 Internet based（以網路為基礎），全部都是有全球影響力的。當我們在分析美國跟歐洲的趨勢，其實它是非常不一樣的價值觀跟世界觀。回過頭來，如果美國有它自己一套，歐洲有自己一套，那台灣應該有怎麼樣一套？不是美國的版本照抄，人家是在它的時空環境裡，有它的 fair advantage（合理優勢）。你可能必須去盤點台灣既有優勢、區域位置，還有台灣受到對岸的風險等等，然後才會長出自己的想法。必須有「make Taiwan better」（讓台灣更好）這個升值你的新念頭，你才有辦法長出比較完整的想法跟具體的建議。

換句話說，在萬國建立的核心價值是一切法律技藝的基礎，可以在幻化無常、變換快速的明日世界裡，成為穩定不移的北極星，引領市場前進。

如果說軟體新創生態圈是在市場快速發展的最前緣，那麼，在光譜的另一端，另外一個也非常需要律師的情境，應該就是以理念為出發點、理想性格強烈的社會倡議組織。

現任台灣冤獄平反協會（平冤協會）執行長的羅士翔律師，律師執業初期曾在萬國服務，從那時開始接觸冤案救援。如果說，社會改革的熱情是一種志業，以韋伯《政治作為一種志業》來說，投入公共事務是一種不間斷出力鑽透硬木板的工作，那毫無疑問，救援冤案一定是社會倡議工作裡最硬的木板之一 —— 需要無比的耐心、信心、毅力、韌性，花費大量金錢、人力、時間，還不一定能夠得到正義的結果。

羅士翔是以實習律師的身分加入萬國，協助顧立雄處理蘇建和案。當時蘇案是更三審，最高法院發回高院更審的審級。後來蘇案正是在更三審宣判無罪，適用速審法而無罪確定。除此之外，羅士翔也跟著顧立雄參與非營利組織的倡議行動，包括人權兩公約的影子報告，以及民間司法改革基金會追緝惡檢的專案。他提到，前輩的身教帶給他很大的影響，「顧律師除了一般事務所的會議之外，會撥出下班的時間，在晚上去開這種義務的會議，司改會的會、個案救援的會。他已經是一個這麼資深的、有名望的律師，還是願意花

很多時間無償投入倡議的業務，所以我很自然而然想要向他學習。」羅士翔後來在 2012 年離開萬國，加入尤美女律師的立法委員辦公室，持續關心司法議題。他回憶，很多會議都是在晚上七點到九點舉行，「包括那時候在討論最高法院要不要大法庭以及監所議題，好幾個題目，顧律師有興趣的，也真的都會來參加。」

羅士翔後來到平冤協會工作，正式投入非營利組織的倡議工作，至今已經十一年。平冤自創立以來，有十四個成功救援的案件，推動《刑事訴訟法》修法、改革案件定讞後的 DNA 鑑定制度，也為檢察機關提出最佳實務做法的建議[54]。平冤也跟律師公會合作，舉辦教育訓練；在大專院校開設冤罪救援實務課程；其他各種面對一般公民的講座、研討會、讀書會更是不知凡幾。推動冤獄救援需要絕大的毅力，歷時漫長，而不確定性高。回首來時路，其實羅士翔在萬國服務的時間並沒有很長，但留下的經驗確實對他有深刻影響：「我覺得顧律師的確在我心中留下了一些他可能不會知道的種子。他這麼這麼重要的一個台灣刑案律師，不計成本地投

入這些公益團體。他的投入讓我覺得，『有為者亦若是』，
給自己的期許。」

顧立雄律師可能不知道自己無意間埋下的種子，在一位
年輕的台灣律師心中發芽。不過，可以確定的是，他也曾經
從萬國的前輩身上，學習到律師有所當為的理念：「在我
年輕的那段歲月，至少在我三十歲之前，創所律師們形塑
了我對於一個律師應該做哪些事情的認知。[55]」拉長時間向
度，萬國世代傳承守護的精神非常清楚。萬國人用身教影響
後輩，投入改革行動、社會倡議，一代又一代，棒子沒有
間斷。

萬國這份心向台灣的精神傳承，不只是在時間縱軸上，
一代傳過一代，在空間橫軸上，萬國也跟許多具公益理念的
律師、事務所或非營利組織，並肩同行。從人才交流的角度
看來，這一點非常清楚：萬國不只為國家、社會、市場提供
了許多正直的律師人才，也一直吸引具有使命感的優秀法
律人。

現為助理合夥律師的趙珮怡律師就提過，進入萬國，是

因為這是個「能夠讓我繼續參加公眾事務的事務所。」趙珮怡律師的公共參與包括很多面向：律師團體的修法倡議，在政府部門內部審議立法草案，也投入重要的政治社會運動案件。她分享手上處理最久的公益案件 —— 美國無線電公司污染案（簡稱 RCA 案件，Radio Corporation of America 之縮寫），是台灣近來規模最大的工殤公害案件。RCA 於 1970 至 1990 年代設廠於桃園，造成嚴重污染，工人與附近居民長期暴露在有害的化學物下，至少有一千多名員工罹癌，兩百多人因癌離世[56]。本案在 1994 年才被揭發，因年代久遠、認定困難，一直到 2006 年才終於突破法律上的程序議題[57]，2009 年正式進入實質審理。又等到 2015 年，才迎來第一個勝訴，獲得法院支持賠償。

RCA 案的被告眾多，事實認定與法律議題都非常困難，幸好有規模龐大的義務律師團與專家學者支持。趙珮怡也是義務律師團的一員。她回憶自己的參與經過，是從前一家律師事務所任職就開始：「我到元貞是 2006 年 4 月，第一個月高涌誠律師就帶我去法扶參與 RCA 的會。」

這時，RCA 案終於進入實質審理，趙珮怡從一審參與到現在更二審，也帶著 RCA 來到萬國：「我是 2015 年進萬國的，那時候萬國問我要不要來？我說我可能還是要繼續處理 RCA。」她一路負責處理「時效」問題，這是 RCA 案相當重要的法律爭點 [58]，也協助引介日本學界見解，與日本相關案件的義務律師交換意見。[59]

　　值得注意的是，領軍 RCA 義務律師團的重要人物林永頌律師，也出身於萬國。林永頌律師長年投入社會正義與司法改革運動 [60]，曾任民間司法改革基金會執行長、董事長，他的事務所也長期投入各種公益任務，同樣是個從不同位置、共同奮鬥的萬國人。RCA 案回到地院重新審理時，是在林永頌任職法扶基金會台北分會會長任內，他決定以分會之力，接手此案 [61]。有法扶出面，以其穩定的人力物力，才可能負擔協調行政工作，整合義務律師團與專家學者、支持為數眾多的當事人。趙珮怡律師說，換工作時，她也曾跟林永頌律師提到自己要到萬國了，「他說，我以前也是萬國的律師。」

　　一路前進，心向台灣，這是萬國的理念。但更精確地說，萬國是這個理念的一部分。心向台灣的法律人很多，聚合在不同的節點，聯手不同的行動。萬國一直走在這份信念裡，也不斷吸引具有相同使命的律師；而萬國律師們，也會轉進到不同的戰鬥位置上，繼續維護同一份令他們自豪的傳統。

　　萬國的核心是台灣。在這個點上，認同萬國價值的萬國人，無論時間空間，一直緊密相連。

從台灣出發，邁向世界

　　萬國現有三大部門，分別為訴訟、非訟、科技法律。訴訟部門是萬國的起家厝，處理過的重大紛爭不知凡幾，在國家、市場與社會上都參與了關鍵發展，而萬國出身的訴訟律師，投入政策改革、社會運動與個案救援，在台灣民主深化的道路上沒有缺席。科技法律部則是一路見證：台灣的經濟成敗與其科技產業密不可分；而科技產業之健全，又跟專利制度健全密不可分；專利產業健全，又與專利訴訟是否健全

密不可分。守衛智慧財產權，也就是守衛台灣的尖端技術與人才。而非訟部門處理眾多涉外業務，銜接外商進入台灣，使經營完善，也使產品與資金流動。雖然非訟部門的律師會謙虛地說：「非訟是比較銅臭味的。」[62] 但是，應該沒有什麼是比拚經濟更愛台灣的事了。

「番薯嘸驚落土爛，只要枝葉代代傳」，寫著這兩句話的長匾，曾經掛在萬國創所律師辦公室門口很長一段時間。創所律師們為萬國取名為 Formosa Transnational，是要從台灣出發，邁向世界。心向台灣是萬國創所的起點，是萬國行事的準則，對自己的深刻期許，也是萬國獨一無二之處。

萬國人為台灣服務 —— 萬國不是綠的，也不是藍的，萬國是屬於台灣的。

註 解

1 Henderson, W.D. and Galanter, M. (2008) 'The Elastic Tournament: The Second Transformation of the Big Law Firm', Stanford Law Review, 60, pp. 1867–1930.

2 Nelson, L.R. (1981) 'Practice and Privilege: Social Change and the Structure of Large Law Firms', American Bar Foundation Research Journal, 6 (1), pp. 95–140.

3 范光群教授七秩華誕祝壽文集編輯委員會（2009），《致力改革之法律人范光群先生：范光群教授七秩華誕祝壽訪談集》，頁 108，元照。

4 顧立雄律師訪談（2024/4/12）。

5 梁妃儀、蔡篤堅（2004），《互信與堅持：萬國三十年的故事》，頁 129，記憶工程。

6 梁妃儀、蔡篤堅，同註 4，頁 129。

7 林發立 Fali. Lin 部落格，falilin.blogspot.com。臉書粉絲專頁「林發立 Fali. Lin」，facebook.com/iprtw。YouTube 頻道「林發立 Fali. Lin」，www.youtube.com/@LegalTalkWithFa。林發立 podcast 節目「喝咖啡 聊是非」收聽平台，open.firstory.me/user/fa/platforms。

8 西元 2000 年的新合夥，已經是四位創所律師第二次的積極嘗試。

1991 年就曾經邀請五位律師加入合夥，包括顧立雄、黃虹霞、陳彩霞，詹森林與呂榮海。不過，1991 年的嘗試只維持了一年，詹森林律師返回台大任教，呂榮海律師成為公平交易委員會的委員，顧立雄律師預計自行執業，五位合夥人只剩下黃虹霞與陳彩霞兩位，也先後決定退出，又回到四位創所律師經營的原狀。梁妃儀、蔡篤堅（2004），《互信與堅持：萬國三十年的故事》，頁 176-179，記憶工程。

9 梁妃儀、蔡篤堅，同註 4，頁 199。

10 梁妃儀、蔡篤堅，同註 4，頁 215。

11 梁妃儀、蔡篤堅，同註 4，頁 217。

12 古嘉諄律師曾任台北律師公會理事長、中華民國律師公會全國聯合會理事長、台灣法學會理事長。

13 范光群教授七秩華誕祝壽文集編輯委員會（2009），《致力改革之法律人范光群先生：范光群教授七秩華誕祝壽訪談集》，頁 45，元照。

14 周禮群等（2019），《第一個律師出身的司法院長：賴浩敏》，頁 168，釀出版。

15 以萬國創立的 1974 年為例，當年有 963 人到考，錄取 22 人，錄取率不到 2.3%。在一九七〇年代，每年都有大約一千人報考，平均錄取人數為 18.5 人。一直到 1989 年，律師高考錄取率才終於

突破 10%，但維持五年之後（這五年的平均錄取率是 12.3%），在 1994 年又掉回 5.7%。參見黃錦堂、李震洲（2014），〈從台灣政經發展談律師考試制度變革走向〉，《國家菁英》，第 39 期，頁 4-38。

16　梁妃儀、蔡篤堅，同註 4，頁 107。

17　除了陳真真、吳光釗法官，早期，《萬國法律》還會在所內同仁通過國考時公開祝賀。以萬國雜誌第一期為例（1982 年），「本所法律專員尤美女小姐參加今年度高考，名列前茅，尤小姐前已通過司法官特考。另法律助理柯麗鈴小姐參加本年度公費留學考試、高中保險法科榜首，最近放榜之司法官特考，又再傳捷報，可謂雙喜臨門。」早年進入司法界服務的萬國人，根據文獻資料與訪談，可確定者包括：陳真真法官（現為台灣高等法院花蓮分院院長）、吳光釗法官（現為懲戒法庭法官）、柯麗鈴檢察官（現為司法官學院院長），以及蔡彩貞法官（現為司法院大法官）。陳真真法官在萬國經歷，記載於陳真真（2009），〈不只是圓融通達，更有理想與執行力〉，范光群教授七秩華誕祝壽文集編輯委員會，《致力改革之法律人范光群先生：范光群教授七秩華誕祝壽訪談集》，頁 225-226，元照。吳光釗法官與賴浩敏律師之間互動的軼事，記載於周禮群等（2019），同註 13，頁 171。柯麗鈴檢察官曾任萬國法律助理，記載於《萬國雜誌》第一期，頁 2。蔡彩貞法官曾任萬國法律助理，則出自於賴浩敏律師訪談（2024/09/10）。除了這幾位早期的萬國人，2000 年代，也有幾

位法官有過萬國經驗：邱璿如法官（現為桃園地方法院法官）以及王翠芬法官（現為基隆地方法院法官）都曾經任職萬國。

18 劉孔中（2009），〈儘速打破司法院定位爭議的僵局，後續司改才能啟動〉，《台灣法學雜誌》，130 期，頁 15-23。

19 陳真真（2009），〈不只是圓融通達，更有理想與執行力〉，范光群教授七秩華誕祝壽文集編輯委員會，《致力改革之法律人范光群先生：范光群教授七秩華誕祝壽訪談集》，頁 225-226，元照。

20 徐子婷（1997），〈這個法官有點潔癖 —— 高雄地方法院法官陳真真〉，《遠見雜誌》，127 期，https://www.gvm.com.tw/article/15578（最後瀏覽日：06/24/2024）。

21 根據 2017 年司法改革國是會議的結論，法律專業人員如何取得資格，是往合考合訓的方向規劃，這也是《法律專業人員資格及任用條例草案》的立法精神。自 2019 年開始，現行律師考試與司法官考試也已經同時舉辦第一試與第二試，應試科目相同者，採同一試題。即司法官特考與律師考試之第一試、第二試「採分別報名、同時考試、相同應試科目採相同試題、單一應試、分別錄取或及格之方式進行」。可參考現行《專門職業及技術人員高等考試律師考試規則》以及《公務人員特種考試司法官考試規則》。

22 顧立雄律師曾經在訪談中提到自己的經驗，「過了二、三十年再跟以前的同學聚會，會發現當律師跟當法官的講沒幾句話就很難

再講下去。」王泰升、曾文亮（2011），〈顧立雄律師訪談記錄〉，《台灣法律人的故事》，頁 445，元照。

23 劉恆妏（2019），〈戰後台灣的「黨化司法」〉，《中研院法學期刊》，第 24 卷第 1 期，頁 1-86。

24 王金壽（2008），〈台灣司法改革二十年：邁向獨立之路〉，《思與言：人文與社會科學期刊》，46 卷 2 期，頁 133-174；王金壽（2019），〈政治菁英的利益算計與檢察獨立改革〉，《政治學報》，67 期，頁 121-151。

25 王泰升、曾文亮、吳俊瑩（2018），〈追尋記憶中的台北律師公會會館－啟動律師業的轉型正義工程〉，《律師法學期刊》創刊號，頁 1-62；夏傳位（2009），〈台灣律師史上最重要的改革力量 ──「文學校聯合團」的故事〉，《司改雜誌》，73 期，頁 48-49。

26 黨國對於律師的控制方法，主要是透過「前門不開、開後門」的前端控制。也就是透過檢覈制度，允許軍人與司法人員轉任律師，而真正的律師考試，則限制名額。換句話說，多數律師都是已經在黨國體制中有一定經驗與關係的前提下，才轉職為律師。其他循法律教育、考試管道的一般人，反而非常不容易成為律師。

27 1991 年，文聯團拿下台北律師公會所有理監事席次。

28 1994 年，台中地方法院 303 室的法官集體發起審判獨立運動。

29 1998 年，檢察官改革協會成立。

30 例如，1985 年至 2009 年的檢肅流氓條例，「台灣的幫派組織在過去威權統治時代被政府一再利用為鎮壓反對派或異議分子之工具，即利用外省幫派以達成其政治目的，一旦政治目的達成之後，因恐其將其被政府利用之事實公諸於世，隨即對其進行掃蕩行動，以釐清政府與幫派之關係，此種情形以 1984 年之江南案發生後，出現二次大規模之掃黑專案，最足以證明。」蔡墩銘（2005），〈台灣幫派與取締法律〉，《日新法律半年刊》，4 期，頁 24-25。檢肅流氓條例的法院裁定留置規定後於 2001 年司法院釋字第 523 號宣告違憲。

31 法官只能由監察院糾舉。在《法官法》成立法官評鑑制度之前，一般使用司法系統的公民無法使法官為其不當行為負責。

32 梁妃儀、蔡篤堅，同註 4，頁 61-62。

33 范光群律師當時辭去法官職務，到中興法商教書，是因為法官工作太重，也是因為不同意判決送閱制。「判決送閱」是政治影響個案、侵害審判獨立的重要機制。范光群教授七秩華誕祝壽文集編輯委員會（2009），《致力改革之法律人范光群先生：范光群教授七秩華誕祝壽訪談集》，頁 28，元照。

34 陳傳岳律師七秩晉五華誕祝壽論文集編委會（2014），〈陳傳岳律師傳記〉，《人權、正義與司法改革：陳傳岳律師七秩晉五華誕祝壽論文集》，頁 IX，元照。

35 司法院遴選律師、教授、副教授、助理教授、講師轉任法院法官審查辦法。

36 在 2003 年范光群律師接任祕書長以前，每年都有少數律師遴選合格，轉任法官，人數在一到七位之間不等。范光群任祕書長四年期間，數字並沒有成長，每年平均三位律師成功轉任。另外，若是以 2011 年（《法官法》通過）為切分點來看，在《法官法》之前，律師自行申請轉任法官共有四十六人，一開始分別在 1987、1990 年各有一人申請並遴選合格，1996 年開始每年都有律師申請轉任，但人數不多，都只有個位數，只有在 1998、2001、2002、2003、2005 年有超過十位律師申請，但後來通過遴選成功派職者，最多也都只有七位。詳細數據請見賴浩敏（2014），〈法官多元進用制度之近況〉，《人事月刊》，350 期，頁 6。

37 范光群教授七秩華誕祝壽文集編輯委員會（2009），《致力改革之法律人范光群先生：范光群教授七秩華誕祝壽訪談集》，頁 78。

38 范光群教授七秩華誕祝壽文集編輯委員會，同註 36，頁 78。

39 三種轉任方式之流程圖可見賴浩敏（2014），〈法官多元進用制度之近況〉，《人事月刊》，350 期，頁 4。

40 2012 年後律師轉任法官遴選合格人數統計，數字整理自司法院人事專區，https://www.judicial.gov.tw/tw/cp-113-81110-eee1b-1.

html（最後瀏覽日：06/19/2024）。

年度	101	102	103	105	106	107	108	109	110	111	112	總計	占比
公開甄試	8	0	11	24	9	6	5	9	9	5	5	91	65.9%
自行申請	0	0	5	0	8	0	5	3	8	8	10	47	34.1%
總計	8	0	16	24	17	6	10	12	17	13	15	138	100%

41 根據司法院人事專區的公開申請資料（並未包含所有年份），有過大事務所歷練的律師每年未超過五人。2014 年合格轉任者僅許慧如（萬國）；2016 年參加公開甄試者有張柏涵（但後未見於遴選合格名單）與趙書郁（兩位皆來自萬國）、吳欣哲（曾任職於萬國，時任於國際通商）、謝承益與董惠平（寰瀛）；2018 年有蘇宏杰（萬國）；2020 年有曾瓊瑤（曾任職萬國，時任秀傳醫院）、洪舒萍（曾任職萬國，時任於眾達）、范銘祥（常在）；2021 年有王龍寬（萬國）、林三加（曾任職國際通商，後未見於遴選合格名單）、鄧輝鼎（寰瀛，後未見於遴選合格名單）；2022 與2023 年則未見有大事務所歷練的律師。

42 此處蘇宏杰指的是按時計酬（hourly rate）的案件。在按時計酬案件中，律師事務所是按照工作時數向客戶收費，所以花的時間愈多，收費就愈高，投入工作的努力可以直接反映在酬勞上。

43 范光群教授七秩華誕祝壽文集編輯委員會（2009），《致力改革

之法律人范光群先生：范光群教授七秩華誕祝壽訪談集》，頁
94，元照。

44 2008 年，政黨再次輪替。2009 年，賴浩敏律師接受馬英九政府
的邀請，結束將近半世紀（四十六年）的律師執業生涯，出任中
央選舉委員會主任委員。

45 當時司法院組織法第 4 條第 1 項，大法官應具有下列資格之一：
（一）曾任最高法院法官十年以上而成績卓越者，（二）曾任立
法委員九年以上而有特殊貢獻者（三）曾任大學法律主要科目教
授十年以上而有專門著作者，（四）曾任國際法庭法官或有公法
學或比較法學之權威著作者，（五）研究法學，富有政治經驗，
聲譽卓越者。後於 2015 年修法，大法官提名資格放寬年限、刪
除資深立委，並納入「實際執行律師業務二十五年以上且聲譽卓
越者」。這也是後來黃虹霞律師獲得提名的依據。

46 賴律師甚至懷疑是不是「設計」他先去中選會歷練，方可以符合
「政治經驗」獲得提名資格？周禮群等（2019），《第一個律師
出身的司法院長：賴浩敏》，頁 219，釀出版。

47 洪震宇（11/01/2004），〈萬國法律事務所初級合夥律師范曉
玲：捍衛智慧財產〉，天下雜誌 310 期，https://www.cw.com.tw/
article/5109253（最後瀏覽日：06/25/2024）。

48 根據中央行政機關組織基準法，中央選舉委員會、公平交易委員
會以及國家通訊傳播委員會，為我國三個獨立機關。

49 周禮群等（2019），《第一個律師出身的司法院長：賴浩敏》，頁 207，釀出版。

50 梁妃儀、蔡篤堅，同註 4，頁 127-128。范光群律師曾跟黃虹霞律師説：「黃虹霞，妳是大家閨秀！」指的是萬國的閨秀，黃律師理解到這是自己一直頂著萬國這把傘，當提到自己是萬國的律師，外界已經有一個既成的評價。

51 《數位時代》（04/10/2024），〈顧立雄出任國防部長！律師出身，顧立雄為何讓金融圈又愛又懂？盤點任內犀利政績〉，https://www.bnext.com.tw/article/57770/fsc-director-general-review（最後瀏覽日：06/25/2024）。顧立雄對著記者説：「我原來是法律人，希望大家能接受我當金融人。」

52 曾經重罰南山人壽，因其數位化的「境界成就」新系統反覆出錯。

53 鉅亨網（05/18/2020），〈顧立雄畢業感言：金管會主委位子不好做 大家不用再面對路人甲〉，https://m.cnyes.com/news/id/4478969（最後瀏覽日：06/25/2024）。

54 台灣冤獄平反協會曾倡議制定《檢察機關辦理有罪確定案件審查作業要點》。

55 黃守宜（10/22/2009），〈台灣律師界「鐵四角」的故事〉，《看雜誌》，48 期，https://www.watchinese.com/article/2009/1655（最後瀏覽日：06/25/2024）。

56 工作傷害受害人協會（05/21/2001），〈RCA 工人職業性癌症事件答客問〉，《司法改革》雜誌資料庫，33 期，https://digital.jrf.org.tw/articles/776（最後瀏覽日：07/22/2024）。「已知二十餘年來曾在 RCA 廠任職的員工中，至 2001 年四月共有 1375 人罹患癌症，其中有 216 人已因癌症死亡，此外尚有百餘人罹患各式腫瘤。」

57 工作傷害受害人協會、原台灣美國無線公司員工關懷協會（2013），《拒絕被遺忘的聲音：RCA 工殤口述史》，頁 300，行人出版。1999 年工人組織化，成立「桃園縣原台灣美國無線公司（RCA）員工關懷協會」，2004 年以關懷協會提出第一波民事訴訟，一、二審皆因關懷協會不具法人資格而依程序理由敗訴。上訴至最高法院後，最高法院以程序要件在法律上可為補正發回重審。2006 年關懷協會正式登記社團法人，各界學者專家組成顧問團、成立第二屆義務律師團。

58 職業病工殤案件的集體訴訟，主爭點「因果關係」、「揭開公司面紗」、「時效」都是流行病學與法律推論的議題。可參考本案相關判決：台灣台北地方法院 95 年度重訴更一字第 4 號民事判決（2015 年 4 月 17 日），以及後續上級審等判決。

59 趙珮怡律師曾協助 RCA 團隊與日本大阪石綿訴訟的律師團交換意見，包括村松昭夫律師等人；也得到研究時效判例的日本民法學者松久三四彥的協助，於書狀中引介日本時效抗辯為權利濫用等相關案件與學說。

60 林永頌律師長期參與司法改革及重要社會正義意見，包含推動
《法官法》並參與 2007 年《法官法》大遊行，長期參與卡債議題、
法律扶助與國會遊說等，同時擔任律師公會全國聯合會常務理事
及消費者債務清理委員會主任委員、民間司法改革基金會董事
長、卡債受害人自救會顧問，曾任勵馨基金會常務董事、工作傷
害受害人協會義務法律顧問、法律扶助基金會台北分會會長、台
灣法學會理事等職。永信法律事務所官方網站簡介，https://www.
linshih.com.tw/products_detail/%E6%9E%97%E6%B0%B8%E9%A0
%8C%E5%BE%8B%E5%B8%AB（最後瀏覽日：07/29/2024）。

61 財團法人法律扶助基金會（07/31/2019），〈時光刻印｜法
扶十五｜RCA 汙染｜林永頌〉，https://www.laf.org.tw/edu-
detail/135（最後瀏覽日：07/29/2024）。

　　永信法律事務所（05/23/2011），〈RCA 律師團之組成與挑戰〉，
https://www.linshih.com.tw/article_detail/57（ 最 後 瀏 覽 日：
07/29/2024）。

62 出自李克和顧問訪談。

第五章

初心

The Inception

> 萬國之所以成功，是因爲時代背景，也是因爲它卓越的專業。但使萬國獨一無二的，是它的精神。萬國是正派的法律事務所 —— 懷抱願景，向天做夢，因心向台灣而豐盛。

　　屹立五十年，從各種角度看來，萬國，都是一家成功的法律事務所。

　　萬國之所以成功，有其時代背景，也是因為萬國律師卓越的法律專業。萬國創立的 1970 年代是台灣經濟成長最快速的年代，工商業蓬勃發展，也同時帶動法律服務市場擴張；當時，律師人數受到國家政策控制，一旦通過窄門成為合格律師，即有廣泛且穩定的案源。四位創所律師都畢業於

台灣最高學府，分別通過司法官與律師考試，是正統科班出身的本土菁英，也都有留學經驗；萬國的「團隊辦案」模式更是進一步結合多位律師專長，服務全面、品質更佳。萬國躋身頂級事務所之列，有外在大環境的條件，也是集體奮鬥的成果。

不過，如果只看時代背景、個人努力及外在表現，萬國與台灣其他成功的大型律師事務所，都是在這三項條件下登峰造極。萬國之所以為萬國 —— 真正使萬國獨一無二，甚至可說不同於其他律師事務所的，是它的精神。萬國有明確的核心認同：心向台灣，扎根土地，服務這個社會成為民主而自由的國家。

萬國理念：弘揚法治、保障人權

萬國的理念，表現在方方面面。最基本的，在法院操守尚有疑慮的當年，堅持不走後門。面對客戶，全力以赴、兢兢業業，堅持專業倫理，不興訟，也不允取允求。面對同業自重互重，面對國家，則是立場堅定，支持政治民主化與社

> **萬國有明確的核心認同：心向台灣，扎根土地，服務這個社會成為民主而自由的國家。**

會正義。

萬國身為法律人，不僅有高度自我要求，也對律師本業有深刻的自我認同與期許。萬國人以律師身分投入律師公會改革、支援各種社會政治運動，有兩項特徵：很早加入，長期參與。

台北既是台灣的首都，也聚集了數量最多、規模最大、業務最多元的律師事務所 —— 台北律師公會，理所當然地成為台灣律師發起改革行動的關鍵場域。早在 1976 年，賴浩敏律師就以「在野」身分成為台北律師公會理事，1981年當選常務理事；同年，另一位創所律師陳傳岳也成為理事之一。1986 年，隨著律師高考率取人數增加，台北律師公會長期由保守派軍法官系律師主導的局面[1]，首次出現翻轉的曙光[2]。1990 年，台北律師公會舉辦第 19 屆理監事改選，「文學校律師聯合團」一舉拿下二十八席次[3]，全面勝利，「光復」北律。

萬國的角色隱藏在歷史的細節裡[4]：文聯團的發起，動

力源於一群年輕律師，其中多有萬國中生代，而林敏生律師，是被萬國勸進的領袖。1989 年，包括顧立雄、林永頌、黃昭元、郭雨嵐等幾位年輕人 [5] 開始發想行動，「要讓律師公會正常化，」必須要拿回北律的主導權，他們部署選務，但認為需要一位資深律師來領頭。首先，年輕人找上萬國創所律師陳傳岳商量，陳傳岳建議找林敏生，遂出面聯絡 [6]。經過一番說服，林敏生允諾領頭，年輕律師們縝密組織，緊密動員，廣發文宣，頻出奇招，最後不負眾望，文聯團理監事代表全數上榜，而且最低票當選者還高出軍法官派第一高票將近一百票 [7]。從此，台北律師公會改頭換面，積極參與各種政治社會行動，辦理平民法律扶助 [8]、公開呼籲憲政改革 [9]，聯合婦女 [10]、環保 [11]、人權 [12] 等民間團體，參與行政與司法部門之修法行動 [13]，可說是火力大開，全面啟動。

這場被媒體譽為「改寫歷史」的激烈選戰，改變的不只台北的律師。在這之前，台灣的憲政大業不曾有過律師的集體參與；台灣的政治認同與社會議題，也還沒有來自本土律師組織的系統性支援 [14]。台北律師公會在 1990 年代踏出的

不只是律師自己的一步，也是與台灣民主共同的一大步。
再者，三十五年來，律師公會選舉之中，至今未出現過其他
具集體認同的律師團體，為台灣律師提出不同的政治社會
行動藍圖。由此說來，文聯團的勝利不僅空前，至今也是絕
後 —— 文聯團律師在北律的行動，是為台灣律師的本質給
了劃時代的意義。

　　萬國律師行動，是有承諾的行動，長期堅持，不會放
手。以台北律師公會來說，文聯團一役，開啟了不間斷的接
力交棒。1990 年代，萬國創所律師陳傳岳與范光群都曾任
台北律師公會理事長，多位出身萬國的律師，包括黃虹霞、
顧立雄、林永頌、尤美女，都曾任常務理事與監事[15]；2000
年至 2010 年，萬國律師持續出任北律理事長、祕書長與理
事[16]；2011 年至今，不同世代的萬國律師繼續參與，包括范
瑞華、王龍寬、王孟如，也同樣曾任理事長、祕書長、理事
與監事[17]。萬國律師參與律師公會的內部委員會，或者其他
律師團體，更是難以記名，不在少數。

　　當然，僅僅觀察北律的理監事職位，只能描繪萬國投入

律師集體行動，支持台灣政治社會改革的一小部分。1990
年代至今，台灣公民社會成熟茁壯，各種社會正義的問題都
需要法律人投入 —— 不只是投入改善議題本身，也必須建
立制度、設立組織，也就是為將來千變萬化的問題設置好處
理流程，並安排人員長期守備。換言之，各線倡議都需要律
師投入個案救濟與制度改革，社會對法律人才的需求，有增
無減，無處不在。

種種參與，藏在歷史細節裡

萬國律師支持社會正義，也在同樣的脈絡底下展開。法
律人的核心守備範圍是「司法改革」，萬國律師所參與的改
革工程，正是包括了個案、組織與制度的各種面向。最典型
的個案救濟是冤案救援。單純以蘇建和案為例，萬國律師參
與已有數十年，至今（2024 年）仍為蘇案的民事賠償訴訟
提供法律意見。而在設立組織的面向，則先是以「民間司
法改革基金會」為主要據點，由民間集資千萬成立[18]，集結
公民社團與以律師為主的法律人才，投入立法研究、監督評

鑑、教育推廣與個案追蹤；後有「法律扶助基金會」，是依法由國家捐助成立，雇用專職律師與專員管理，邀集全台各地律師登記並派案，免費協助有需要但無資力者，提供法律諮詢、訴訟辯護等等法律服務。

萬國同樣很早投入司法改革，長期參與。民間司改會的起始點，源於全國律師公會於 1994 年 10 月的一項決議，決定在律師公會之外另設組織倡議司改，由陳傳岳律師任召集人、林永頌律師任副召集人。二十七年來，司改會曾有過九任董事長，其中三任出身萬國：陳傳岳擔任兩次，顧立雄擔任一次，如果再加上曾任職於萬國、後自行設所的林永頌律師，那麼，出身萬國的董事長則有四任，將近一半。翻開司改會現任董監事名單，也仍然可以看到萬國律師擔任董事、監察人、執行委員[19]。除了出力，萬國也願意出錢。每年司改會舉辦募款餐會，萬國都會固定捐款。若拜訪萬國位於仁愛路的辦公室，走廊與會議室的牆上靜靜垂掛的畫作，其實都是多年來參與募款義賣活動的足跡。

除了司法改革之外，台灣的性別平等運動也具有深厚的

法律動員傳統。萬國律師雖非主力，但從星星點點的證據中，反而可以看出萬國如何深植於運動網絡之中，共同參與平等觀念與規範的前進。以《萬國雜誌》文章對照台灣婦女運動：早在 1984 年，《萬國雜誌》就倡議要以夫妻分別財產制做為法定財產制，早於修法十八年 [20]。1989 年，以鄭元貞重婚案討論法院「適法造法」的功能 [21]。1996 年，跟隨婦女運動進程，專題介紹親屬編修法 [22]。2002 年，夫妻財產制修訂，由戴東雄大法官撰文討論修法內容，同期也刊載職場性騷擾的法律議題。2010 年，持續關注親屬法修改，有文討論 2009 年繼承新制影響。2017 年，司法院公布釋字第 748 號解釋，支持同性伴侶婚姻平等權，當然也有文章報導 [23]。

值得注意的是，同志婚姻合法化做為台灣重大憲法成就，是眾多公民與社會團體，法律人與政治工作者共同努力的結果。萬國的參與同樣藏在歷史細節裡：本次行動主要的倡議組織之一「台灣伴侶權益推動聯盟」，早在 2011 年 8 月就曾發起律師連署，請大家支持伴侶權益立法；當年 225

位連署者中，多位律師出身萬國：范曉玲、顧立雄、陳誌泓、羅士翔、蘇宏杰。這是在沒有任何政治機會開放的時刻 —— 國民黨執政中期，民進黨尚未見得執政可能，也尚未有政治人物表態支持[24]。倡議團體的靠山，只有理念，以及支持理念的公民；而律師就是與這個理念站在一起的人。當然，出身萬國而投身性別平等的法律人，還有無人不知、無人不曉的尤美女律師。

台灣性別平等的法律體制從無到有，從邊緣到主流，矯正規範的偏見，支持弱勢的實踐，所有法律成就都是從一小群人堅持理念開始。而萬國，就是願意依據理念而行的法律人。

最後，再以青年公民運動為例。2014 年的太陽花運動曾有過人數可觀的義務律師團，在議場排班、24 小時陪偵，後續也協助受傷的抗議者提出刑事自訴與民事賠償案件。當年，不只一位萬國律師在這數百名律師之列[25]，而反服貿黑箱義務律師團的召集人之一，也是萬國合夥律師顧立雄。不過，這也並不是第一次萬國律師輔助青年公民的政治

> **所有法律成就都是從一小群人堅持理念開始。而萬國,就是願意依據理念而行的法律人。**

運動。早在 1991 年的野百合學運,時任萬國律師的黃昭元教授,就曾經在運動退場時,協助善後處理小組的財務保管工作[26]。

換言之,不同世代的萬國人,在不同的時間點與背景條件下,各自有不同的行動。有些人創設組織,有些人倡議修法,有些人投入個案。幕前幕後,在朝在野,從古至今——形式不同,但理念一致。萬國不斷培養有理念的律師,而有理念的律師也不斷被萬國吸引而來。萬國是個安靜、低調但高速運轉的動力引擎,為台灣燃燒法律人的正能量。

不同政治光譜眼中,正派始終如一

萬國的理念與名聲,甚至是連黨國體制都認可的正派。1980 年代中期,中央信託局曾經聘用萬國擔任法律顧問,每週請萬國律師到機構的法務室駐點,審閱契約、回覆問

題。中央信託局成立於 1935 年（民國 24 年）的上海，當
年擔負軍火採購的重大任務，後開辦信託、保險，甚至曾
經負責印製鈔票[27]。在中日戰爭期間，四家國家銀行（中央
銀行、中國銀行、交通銀行、中國農民銀行）設置聯合辦事
處，簡稱「四行」，中央信託局則與郵政儲金匯業局共稱
「二局」，再加上中央合作金庫，「四行二局一庫」地位重
要，形同國庫。國民政府來台後，中央信託局配合政府政
策，開辦許多獨門生意，諸如軍保、公保，配售黃金、管制
汽車進口，也主責美國援助與公營事業之購料[28]。為什麼這
樣一個業務複雜，深藏於政經系統之中的機構，選擇了旗幟
鮮明的萬國做為法律顧問？郭雨嵐律師認為：「國民黨體系
有防腐的 sense（觀念），要找一個非體系內、非體制內的
事務所來審閱他們做的事情。」換言之，萬國擺明了反黨國
的理念，很可能反而成為合適的制衡機制。

二十五年後，台灣已然民主化，萬國正派依舊，獲得的
肯定也依舊。當國民黨重返執政，馬英九總統選擇出身萬國
的賴浩敏律師擔任中選會主委，後任司法院長。這個人事安

排，乍看之下，同樣是預期之外。萬國有許多律師長年投入民主化運動，挑戰威權，監督體制，賴浩敏律師在這樣的背景下成為司法部門的行政首長，再次彰顯了萬國正派的作風，是廣獲肯定的。在不同政治局勢之下，從政治光譜不同端點看來，萬國的正派始終如一。

萬國精神的歷史意義

萬國的精神力量，不只可以解釋它的成功與發展軌跡。身為台灣本土發展出的大型律師事務所，萬國的理念與原則，有其歷史意義。這是個台灣人膽敢向天做夢的故事 —— 在沒有人能想像某個成就之前，首先有第一群台灣人去做前人沒有做過的夢。

在萬國之前，沒有人想過台灣律師可以從訴訟起家，合夥經營，擴張成為上百人的法律事務所。台灣律師以訴訟業務為主、個人事務所為多[29]。如有聯合執業，通常是合署形式，未有實質業務合作，只是如室友一般共同分擔行政、場地與設備雜費。萬國創立時，全台灣由本土律師合夥經營的

法律事務所只有四家，由兩位至三位律師組成[30]，因此，五位律師共同成立萬國已經「可以說是第一個本土的、比較大規模的聯合事務所。」[31] 此外，當年雖然已經有其他規模超過五十人的大型律師事務所，但是在以投資、專利、商標等非訟事務為主力，又以國際法人客戶為主要服務對象。[32] 在這個意義上，萬國確實是台灣本土法律服務市場的先驅。

創所律師們心中有明確的願景。范光群、黃柏夫與陳傳岳在美國求學、觀摩，都見識過動輒上百人的大型事務所[33]，「外國人能，台灣律師為什麼不能？[34]」范光群律師更是立定志向，「我那時候就有很強烈的想法，以後當律師的話，我要 law firm（法律事務所）！[35]」他認為，經營大型事務所才有延續性，能夠吸納、訓練人才，也才有專業分工的能力。隨著社會進步，法律需求只會愈來愈複雜，不是一個律師能夠解決的問題。賴浩敏雖然沒有受到美國律師事務所的影響，但他一人執業多年，早就同樣看到時勢所趨，認為法律一定要專業分工，成立如綜合醫院般的大型聯合事務所[36]。

　　值得注意的是，賴浩敏律師曾經有過兩次未成功的合夥經驗[37]；而且創立萬國時，他已執業十年，月收入高達八至十萬，萬國成立後，每月每位合夥人只領兩萬五千元。以個人生涯發展而言，賴浩敏律師確實不斷尋求發展大型事務所的機會，也很清楚個人收入犧牲僅是短期的過程，相當堅定地朝著自己相信的未來前進。他們四位都展現了萬國以願景引領行動的特性。

　　萬國的遠大夢想，也由台灣的本土市場支持，終致成功。萬國是由訴訟起家，法院訴訟是內生性（endogenous）的法律服務需求，不是由全球化的國際客戶引發、也不是由外來強勢政權所培養的菁英所創。1970 年代，萬國律師在美國觀察到的大型事務所，其規模成長有路徑可循。律師事務所的擴張原則上有兩條路徑[38]，第一種是隨著穩定的客戶成長，為客戶提供全面、一般性法律服務（general service growth）的同時，也擴張律所的人數與技能；第二種是走向特別專業（by special representation），尤其是在新興法律領域出現時（如專利、勞工），律師事務所可以選擇專精特

定領域，並不斷獲致新的客戶或回應新的需求。在世紀之交，律師事務所的擴張則進入另一個全球化的階段，出現國際整併的超大事務所（mega-firms）[39]，而本來就是全球布局的會計師事務所也開始跨足法律業務[40]，成為另一種不同以往的大型法律事務所。

在後進法律服務市場中，要出現具規模的法律事務所，必須先有具規模的法律業務，也就是出現具規模的客戶，帶來量多而品質複雜的法律需求，而市場國際化通常是這一切需求的起源。這也是為什麼美國與英國的國際投資，是 1980 年代律師事務所全球化的主因[41]。普通法系出身的律師，善於在國際市場規範空白之處，透過契約設計龐大精細的體系以供依循[42]；而美國於 1960 與 1970 年代，向發展中國家提供大幅資金，律師也跟著美援一起抵達，在當地建構、改善法律體系，確保投資者的經濟與政治利益[43]。

不過，當這些律師降落地面之後，他們所設置的律師事務所，其實會發生一種「全球在地化」（glocalization）的過程[44]：外籍律師仰賴在地律師提供技術知識與法律實踐的

背景脈絡；而為了生存，外籍事務所也必然要進入在地市場，開始跟一般律師競爭，例如訴訟、房地產，都是典型的在地業務。換句話說，站在接收國際資金的市場角度，跟世界做生意，一定要同時提升法律制度與實踐，而在地律師也得跟上腳步，那些能並肩同行的，就會成為大規模的事務所。

這些過程，都對應了台灣大型律師事務所在 1960 與 1970 年代的發展過程：多數的大型事務所是以國際非訟事務為主，甚至是與來自美國的法律事務所合併[45]。此外，台灣也有大型法律事務所創始人來自於中國大陸，早在台灣經濟發展開始之前，就已經有處理國際業務的經驗與能力[46]；台灣戰後的政權轉移與黨國威權統治，並未根本抹滅其發展空間，其經濟、政治與文化資本能夠隨著時間與世代累積。台灣迎接大量國際投資來台時，這類律師事務所的專業能力與政治網絡，正好可以承接大規模的英文非訟業務，因而有條件發展為大型商務事務所。而原本國際非訟業務的發展成熟之後，事務所也合理地轉而培養訴訟能力，也就是尋求訴

訟律師，這也與萬國成為人才庫的經驗一致。

了解律師事務所的全球化發展經驗之後，萬國做為一個台灣本土大所的意義，更加清晰。萬國不是透過服務國際商業客戶起家，而台灣以中小企業為主要動力的經濟發展模式，也沒有特定大企業可使律師事務所依附、成長。萬國從創所之始，便是以訴訟聞名 ── 萬國是回應台灣本土內生的法律需求，服務台灣的公民與公司，一步步，接上具國際版圖的企業客戶[47]，同時也一步步，陪伴台灣自己的工商業走上國際舞台。

萬國的英文名 Formosa Transnational，意義在於立足台灣，放眼國際；而萬國的故事，也確實是個台灣邁向國際的故事。我們是曾經接受國際援助的法律繼受者，但在短短的幾十年之間，台灣建構了全球市場的影響力，也成為受人尊敬的民主模範；現在，更是站在紅色擴張的最前緣，成為動見觀瞻的角色。

萬國的願景，是扎根土地，敢於夢想。

這是萬國的故事，但同時也是台灣人的故事。萬國見證

了台灣經濟起飛，投身政治民主化，從沒有到有，是驚人的創造過程。政治上，從沒選舉到有選舉，沒政黨到有政黨，法院從沒有獨立到獨立；市場上，從沒外匯到有外匯，從沒技術到有技術，台灣企業從仰人鼻息到國際影響力。

憑理念與願景而行

這是二十世紀末期台灣人最大的夢想，延續著台灣人世世代代打拚的故事。

1950 與 1960 年代，台灣曾有過實踐自由主義思想的知識分子，在強權鞏固鐵籠於島之際，以言論批判威權，組成跨省籍聯盟，試圖促成民主在台實踐[48]。如《自由中國》與雷震組黨的企圖，雖以失敗告終，但在沒有自由之處想像自由，在沒有民主之處預見民主，為台灣留下珍貴的道德資產[49]。台灣人的百年追求，也不能不提 1920 年代的反殖民運動，不只是追求法律與政治上的人民做主，也追求思想、認同、藝術的全面解放[50]。在那個初識現代化的歷史時刻，台灣人就已經有能力、有意願支持議會設置請願運動，有遠見

地成立台灣文化協會，閱讀《台灣青年》、《台灣》、《台灣民報》以及《台灣新民報》[51]。

憑理念與願景而行，一直都是台灣人立足世界的原則。我們的夢想與追求，是物質的豐盛與繁榮，但也是精神自由與人格尊嚴地展現。從這一點說，萬國是獨特的；不同於其他大型法律事務所，不能只用市場邏輯來認識萬國，因其核心是價值與理念，才會不斷不計成本地發起個別行動，長期不輟地參與集體行動。可是，又從同一點來說，萬國也很平凡。萬國人是一群台灣律師，萬國是屬於台灣的法律事務所，依據台灣的價值理念而行，因心向台灣而豐盛。

註 解

1 戰後，台北律師公會經歷不只一輪的派別之分。第一屆台北律師
公會的主導者是原日治時期辯護士出身，但第二屆選舉即不敵大
量來台之原中國內地律師。1960 年代，大量立委轉任律師，有文
獻記載，1966 年會務受到兩派運作影響。1970 年代後，立委檢覈
會員退出公會，再加上中國大陸律師出身者人數逐漸下降，公會
主導權逐漸由軍法官出身之律師掌握。但此時，文學校畢業之律
師，也逐漸隨著律師高考錄取人數而增加，遂形成後人所熟知之
「軍法官系」與「文學校系」之分野。這也就是文聯團成軍之背景。
王泰升、曾文亮（編）（2005），《二十世紀台北律師公會會史》，
頁 241-242，台北律師公會。

2 梁妃儀、蔡篤堅（2004），《互信與堅持：萬國三十年的故事》，
頁 134，記憶工程。

3 更精確地說，當次選舉是拿下三十八席代表：台北律師公會有
二十一名理事、七名監事，另外還有十名全聯會代表，都在同一
次選舉中選出。

4 梁妃儀、蔡篤堅，同註 2，頁 160。

5 這四位都是萬國律師。這群律師包括蘇煥智、黃瑞明、黃國鐘、
周弘憲、廖學興、顧立雄、林永頌、黃昭元、郭雨嵐等人，記載
於梁妃儀、蔡篤堅（2004），《互信與堅持：萬國三十年的故事》，

頁 162，記憶工程。他們聚合在一起的理念，根據郭雨嵐的回憶，「一想到只要律師公會是掌控在軍法派系或是威權體制下的人手上，律師要透過團體的方式做什麼都是不可能的。所以還沒有檢討律師可以為這個社會做什麼之前，馬上檢討起碼有一個任務要先做，就是要讓律師公會正常化，我們私底下的話，就是要奪回來！」

6　胡蕙寧（1994），《法律企業家林敏生》，頁 209，新自然主義；梁妃儀、蔡篤堅（2004），《互信與堅持：萬國三十年的故事》，頁 163，記憶工程。

7　胡蕙寧，同註 4，頁 213。

8　王泰升、曾文亮，同註 1，頁 264-268。

9　1990 年，台北律師公會於國是會議召開之前，通過「十項憲政改革要求」，於 6 月 28 日刊登於中國時報，以十項改革要求清楚表達立場。王泰升、曾文亮，同註 2，頁 271。

10　王泰升、曾文亮，同註 1，頁 279, 281。

11　王泰升、曾文亮，同註 1，頁 279。

12　王泰升、曾文亮，同註 1，頁 285-287。

13　王泰升、曾文亮，同註 1，頁 278-285。

14　值得說明的是，在日治時期，台籍辯護士與日籍辯護士就曾經聯

手組成團隊，支持台灣人民反抗殖民政府的政治行動。1924 年的治警事件，多次開庭，被告的辯護律師團就是台日聯手組成，其中還不乏大名鼎鼎的日本國會議員與法界權威，來台辯護也引起轟動。陳銘雄，《日治時期的台灣法曹》，頁 220，元照出版。在治警事件之後，在台辯護是也持續涉入其他政治運動的所衍生的法律案件。請見曾文亮，〈殖民地台灣的辯護士社群與法律職業主義〉，收錄於《「帝國」在台灣：殖民地台灣的時空、知識與情感》，頁 115。但是，當時律師們仍然是以輔助的角色支持社會與政治運動，並未集結於律師組織，形成具自我意識的集體行動者，也沒有清楚的行動藍圖。後來，隨著戰爭到來，台灣辯護士擁護人民權利的政治角色，似乎也不得不中斷。

15 范光群為第二十屆理事長，陳傳岳為第二十一屆第二任理事長；黃虹霞為第十九屆常務監事，林永頌為第二十屆監事與第二十一屆常務理事，顧立雄與尤美女為第二十一屆常務理事。王泰升、曾文亮，同註 2，頁 396。

16 顧立雄曾任第二十屆理事、第二十一屆常務理事、第二十二屆祕書長以及第二十三屆理事長；范曉玲曾任第二十五屆理事。台北律師公會，公會歷屆監理事，https://www.tba.org.tw/about/?group=introduction&category=personnel（最後瀏覽日：07/12/2024）。

17 范瑞華曾任第二十六屆理事、第二十七屆常務理事、第二十八屆秘書長以及第二十九屆理事長；王龍寬曾任第二十八屆理事；王

孟如為現任第三十屆監事。台北律師公會，同註 16。

18 民間司法改革基金會籌備處成立於 1995 年 11 月，後於 1997 年 5 月初正式完成財團法人登記，基金為一千萬元。財團法人民間司法改革基金會，組織緣起，https://www.jrf.org.tw/about（最後瀏覽日：07/12/2024）。

值得注意的是，差不多同一個時期，以文聯團律師為主要成員的改革派律師，同時也籌募高額資金，買下了台北律師公會的辦公室。1994 年，范光群律師任台北律師公會理事長任內，接受黃旭田律師的建議，開始規劃購置台北律師公會辦公室，並向律師同道募款。林敏生律師的 TIPLO 與萬國分別捐出五百萬，而全體律師共募得三千六百多萬元，加上貸款，於 1996 年 1 月，買下了將近一億元的台北律師公會現址（會館為九千九百五十萬元，另有兩千萬裝潢設置費用）。范光群教授七秩華誕祝壽文集編輯委員會（2009），《致力改革之法律人范光群先生：范光群教授七秩華誕祝壽訪談集》，頁 52-57，元照。

換言之，在 1995 年前後，台灣律師們動員出了大約四千六百萬元的資金，投入律師所關心的公共事務。換算 2024 年現值，總募得之金額約為六千四百五十萬元。

19 司改會第十屆董監事名單：陳傳岳律師仍為董事，而陳鵬光律師任監察人、常務執行委員，吳典倫與蘇孝倫律師任執行委員。財團法人民間司法改革基金會，組織成員，https://www.jrf.org.tw/

about（最後瀏覽日：07/12/2024）。

20 萬國法律編輯部（1984），〈支持以夫妻分別財產制作為法定財產制之建議〉，《萬國法律》，33 期，頁 1-2。

後於 2002 年經婦女新知基金會、台北市晚晴婦女協會、台北市婦女新知協會等團體提出修正草案，立法院完成民法親屬編夫妻財產制修正案三讀，刪除民法第 1006 條、第 1013 至 1016 條、1024 至 1030 條等 21 條，增修第 1017 條「夫或妻之財產分為婚前財產與婚後財產，由夫妻各自所有。不能證明為婚前或婚後財產者，推定為婚後財產；不能證明為夫或妻所有之財產，推定為夫妻共有」、第 1018 條「夫或妻各自管理、使用、收益及處分其財產」等 28 條。立法院，黃昭順委員活動看板，〈親屬法全面改革 財產制修正優先 記者會〉，https://www.ly.gov.tw/Pages/Detail.aspx?nodeid=5493&pid=46638（最後瀏覽日：07/12/2024）。法務部（06/04/2002），〈民法親屬編部分條文修正案三讀通過條文〉，https://www.moj.gov.tw/2204/2795/2796/53443/；法務部（06/28/2002），〈民法親屬編夫妻財產制修正公布施行條文〉，https://www.moj.gov.tw/2204/2795/2796/53459/（最後瀏覽日：07/12/2024）。

21 萬國法律編輯部（1989），〈法院應發揮司法適法造法功能 —— 我們對鄧元貞在台婚姻被法院判決撤銷事件的看法〉，《萬國法律》，43 期，頁 1-2。

22 1996 年《萬國法律》第 90 期特別企劃為「民法親屬編修正面面觀」。

23 2017 年《萬國法律》第 213 期特別企劃為「同性婚姻」。兩年後，立法院於 2019 年通過《司法院釋字 758 號解釋施行法》，使台灣成為亞洲第一個同性婚姻合法化的國家。

24 同志婚姻法案最早浮上立法議程是在 2006 年，由民進黨蕭美琴委員首次提出，但是被賴士葆等國民黨籍立委反對，當時未通過一讀。後來，2013 年，伴侶盟提出多元成家三法案，有鄭麗君、尤美女、李應元等民進黨籍立委多次表態支持。

25 可以透過新聞照片與判決確認出身萬國律師者為：王龍寬（曾任萬國律師）、魏潮宗（曾任萬國律師）、蘇孝倫（曾任萬國律師）、陳鵬光、黃新為、唐玉盈（曾任萬國律師）、陳一銘。三一八義務律師團訪談錄，https://jrf-tw.gitbooks.io/318_lawyers/content/timeline.html（最後瀏覽日：07/12/2024）；財團法人民間司法改革基金會（01/27/2022），〈聲明｜ 324 行政院暴力驅離事件國賠案二審宣判勝訴記者會〉，https://www.jrf.org.tw/articles/2214（最後瀏覽日：07/12/2024）。

26 台灣研究基金會（1995），《八〇年代台灣學生運動史》，頁 338-339 註七，前衛出版社。

27 財政部財政史料陳列室，〈國庫業務：國營事業及公股管理説明文〉，網誌：https://museum.mof.gov.tw/singlehtml/cb87c7475a3

64683826c28cf785bad72?cntId=1a23c341b04047c6a222d952cc989
20a（最後瀏覽日：07/26/2024）。

28 溫曼英，〈解開中信局沒落之名〉，《天下雜誌》48 期
（1985/05/01）網址：https://www.cw.com.tw/article/5103718（最
後瀏覽日：07/26/2024）。

29 據法務部「律師服務單位規模」統計，107年度全國事務所共5,582
間，其中個人事務所共 3,989 間，占 71.46%，https://www.rjsd.
moj.gov.tw/RJSDWeb/common/WebList3_Report.aspx?menu=INF_
COMMON_LAWYER&list_id=153（最後瀏覽日：07/12/2024）；陳
婉箐（2020），〈用統計看法律產業的發展 —— 突破律師市場飽
和迷思 開闢新藍海〉，《在野法潮》，46 期，頁 16-25。

30 根據創所律師們的經驗，當時兩人合夥的事務所全台只有兩間，
台北的林義雄與張政雄，以及高雄的王清佐與王連芳（兩人為連
襟）；另外還有兩個事務所是由三人合夥。因為合夥事務所真的
很少，當時甚至有很多同道看衰萬國，認為撐不過一年就會完蛋。
梁妃儀、蔡篤堅（2004），《互信與堅持：萬國三十年的故事》，
頁 96，記憶工程。。

31 五位創所律師為：蔡清傑、黃柏夫、陳傳岳、賴浩敏、范光群。
一年多後，蔡清傑律師因個人生涯規劃退出，其他四位創所律師
於 1976 年 12 月 15 日，擬定「聯合執業契約」，僅有五個條文，
簡單規定「權利義務均等」。就這樣，短短一頁紙，建立了長達

二十三年的萬國合夥制，一直到 2000 年新合夥成立，才功成身
退。該契約內容如下：

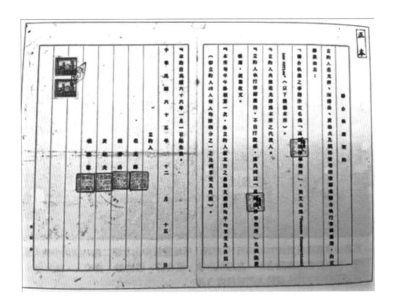

32 1970 年代，理律法律事務所已有五十餘人之規模，羅智強著
（2015），《理律‧台灣‧五十年》，頁 517，天下文化出版。
理律原名為「李澤民律師、李潮年律師聯合事務所」，在 1970
年李澤民律師過世後改名，1973 年李潮年律師過世後，由王重
石律師任所長，與鍾文森、汪應楠律師等人共同經營（頁 83）。
理律是以國際投資案為主，承接 1960 年代眾多外資進入台灣（頁
64），一直到 1978 年才設置訴訟部門，遲至 1991 年才成為該事
務所的重要部門（頁 519）。

33 三位創所律師都曾取得獎學金到美國讀碩士。陳傳岳於南美以美大學、范光群於哥倫比亞大學、黃柏夫於德州大學奧斯丁分校取得學位。互信與堅持，p.75；《賴浩敏傳記》，p.139。

34 梁妃儀、蔡篤堅，同註 2，頁 75，此為陳傳岳律師之語。

35 梁妃儀、蔡篤堅，同註 2，頁 75。

36 周禮群等（2019），《第一個律師出身的司法院長：賴浩敏》，頁 142，釀出版。

37 周禮群等，同註 26，頁 139-140。賴浩敏律師曾經與大學同學張德銘合夥，其事務所取名為「萬國法律事務所」，後來兩人未繼續合作；但這也是萬國名稱之由來。

38 Nelson, R. L. (1981) Practice and Privilege: Social Change and the Structure of Large Law Firms, *American Bar Foundation Research Journal*, 6 (1), pp.95–140. 兩種模式的討論請見 p.112。

39 Flood, J. (2006). Megalawyering in the global Order: the cultural, social and economic transformation of global legal practice, *Social Science Research Network*.

40 Wilkins, D. B., & Ferrer, M. J. E. (2018) The Integration of Law into Global Business Solutions: The Rise, Transformation, and Potential Future of the Big Four Accountancy Networks, Global Legal Services Market. *Law & Social Inquiry*, 43(03), pp. 981–1026.

41 Faulconbridge, J. R., Beaverstock, J. V., Muzio, D., & Taylor, P. J. (2008) Global Law Firms: Globalization and Organizational Spaces of Cross-Border Legal Work, *Northwestern J. of International Law & Business*, 28(3), pp. 455–488.

42 Flood, J. (2013) Institutional bridging: How large law firms engage in globalization, *Boston College Law Review*, 54(3), pp. 1087–1121.

43 Curtis, B., Dezalay, Y., & Garth, B. G. (2003) Global Prescriptions: the production, exportation, and importation of a new legal orthodoxy, *Contemporary Sociology*, 32(3), p.375.

44 Silver, C., De Bruin Phelan, N., & Rabinowitz, M. (2009) Between Diffusion and Distinctiveness in Globalization: U.S. Law Firms Go Glocal, *Social Science Research Network*.

45 國際通商成立於 1975 年，1977 年與美國 Baker & McKenzie 合併。值得注意的是，Baker & McKenzie 的全球化發展非常強調在地獨特性，這是相對於強調美國模式擴散（diffusion of their particular legal style）的另一種全球化模式。請見 Silver, C., De Bruin Phelan, N., & Rabinowitz, M.，同註 44，頁 1431–1471。

46 以常在與理律兩家大型事務所為例：常在國際法律事務所成立於 1965 年，由來自中國的蔡六乘與蔡中曾律師父子成立。蔡六乘律師在 1930 年代積極參與抗日行動，曾經為組織運動而被逮捕入獄的沈君儒等人辯護，也就是知名的案件「七君子事件」，

成功說服法院免除羈押。蔡中曾律師則是台灣第一位取得耶魯法學博士的律師，曾於 1960 年參與草擬獎勵投資條例。杜韻如（2020），〈常在國際法律事務所－歷史傳承與現代先進兼容的幸福企業〉，《在野法潮》，44 期，頁 76-81；《遠見雜誌》（06/21/2023），〈蔡崇信 9 月接掌阿里巴巴！來自台灣的他身價多高？為何關鍵？〉，https://www.gvm.com.tw/article/21249（最後瀏覽日：07/12/2024）。而理律法律事務所之發展，最早可以追溯至 1940 年代，李澤民與李潮年律師於上海執業，當時便已經處理跨國涉外業務。1953 年，李澤民律師於台北市開設事務所；1965 年，李潮年律師加入。1970 年，事務所正式更名為理律，英文名為 Lee & Li。理律法律事務所，https://www.leeandli.com/TW/000000001.htm（最後瀏覽日：07/12/2024）。

47 最典型的例子，就是賴浩敏律師成功爭取日本第一勸業銀行（現為瑞穗銀行）成為客戶。日商來台投資一定會跟銀行合作，日系銀行可以說是接觸日系客戶的敲門磚，而建立廣泛的日系客戶群，也是萬國成長擴張的主要因素之一。

48 吳乃德（2013），《百年追求：台灣民主運動的故事 卷二 自由的挫敗》，衛城出版。

49 吳乃德，同註 48，頁 10。

50 陳翠蓮（2013），《百年追求：台灣民主運動的故事 卷一，自治的夢想》，衛城出版。

51 這一系列報刊可說是「台灣人的喉舌」，宣傳政治社會運動，深入探討各種台灣議題，可說是推動文化改造運動。陳翠蓮，同註 50，頁 74。

結語

初心不變

〈萬國二十年〉

　　精研法律、分工合作、正當作為、服務社會、弘揚法治及維護人權，這是我們的願望，也是萬國的宗旨。

　　萬國既起源於幾個人的共同創辦，自始習慣於集體運作。在萬國，沒有一言堂，可貴的是，我們決定事情，從來不用表決，協商與說服是解決我們之間不同意見的慣用方法。二十年的實踐，塑造了萬國的獨特文化：就萬國整體而言，是民主的、和諧的；就萬國人個別而言，是自由的、積極的、勤奮的、活潑而進取的。

　　我們出生於三十代末期，啟蒙於四十年代，走過五十年代、六十年代惶恐寒冷的艱難歲月。跟這一代的多數人一樣，我們渴望政治民主與社會公義。對於綿延不絕的臺灣民主運動以及最近幾年的憲政改革，我們也曾付出了真摯的關懷與衷心的支持。

　　我們在引領萬國繼續前進的同時，希望也能為國家社會的進步發展，奉獻更大的心力。

2024 年的今天，回頭讀這篇萬國二十周年的紀念文章，別具時代意義。

1994 年，四位創所律師在成功站穩腳步之際，回顧萬國的理念，寫下對未來的期許。那時，台灣人還沒想過真的會政黨輪替，成為強壯的民主國家，大概也沒想過有一天，我們會以人權與平等揚名國際。萬國可能也沒想過自己會創造那麼多第一，不只穩坐訴訟高手的龍頭，成為眾多國際客戶心中首選，甚至為台灣貢獻了第一個律師出身的司法院祕書長、司法院長、司法院大法官，還有一位國防部長。

這五十年的歷史顯示：萬國初心不變，勇於做夢，如願以償。萬國的成功，不只在於一家成功的大型法律事務所，也在於它始終與台灣社會同行，它的付出與貢獻，共同成就了今天繁榮而自由的台灣。這是所有台灣人共享的成功，也是萬國做為台灣本土大所的成功。

1　范光群等四人（1994），〈萬國二十年〉，《萬國法律》，77 期，頁 4。

第一個十年

萬國四位創所律師合影於明生大樓辦公室，左起賴浩敏、范光群、黃柏夫、陳傳岳。

明生大樓是萬國的第二個辦公室，圖為明生大樓外觀。

明生大樓時期，萬國律師合影。

明生大樓時期，法律實務座談會。

1977 年，萬國三周年慶祝活動。

1979 年，萬國五周年慶祝晚會。

萬國八周年慶祝活動。

萬國八周年慶祝活動創所律師合影，左起范光群、陳傳岳、賴浩敏、
黃柏夫。

萬國與《經濟日報》合辦亞太地區投資研討會。

為拓展國際業務，萬國聯合世界各地的法律事務所，於 1988 年共同成立 World Law Group，於台北舉行成立大會，由萬國主持，黃柏夫負責大會籌備工作。

第二個十年

萬國十七周年慶祝酒會眾人合影，左二起范光群夫人、范光群、黃柏夫、
黃柏夫夫人、賴浩敏。

芙蓉大樓同仁合影。

萬國二十周年慶祝酒會。

忘年會，左為王美花、右為顧立雄。

──── 第三個十年 ────

1997 年，民間司改會發起「為司法復活而走」，陳傳岳時任司改會董事長，大遊行當天有五百位律師參與，也有眾多檢察官、法官、學者加入大隊，是民主化以來，第一次法律人大規模的街頭集會。

廢國大、反黑金遊行 (1999)。

萬國三十周年慶祝酒會合影，前排左起范瑞華、張嘉真、范光群、林雅芬、顧立雄，後排左起楚曉雯、萬國友人、陳黛玲、陳傳岳。

萬國三十周年慶祝酒會合影，左起黃三榮、林雅芬、程春益、張嘉真、郭雨嵐、黃柏夫、范光群、陳傳岳、賴浩敏、顧立雄、李克和、蘇宜益。

萬國三十周年慶祝酒會大合照。

萬國三十周年慶祝酒會,圖為林發立及夫人。

萬國三十周年慶祝酒會合影,左起顧立
雄、黃慧萍、范曉玲。

萬國三十周年慶祝酒會，當時的總統陳水扁蒞臨祝賀。

2012 年，柏克萊教授訪台合影，左起汪家倩、林宗緯、陳建銘、郭雨嵐、范曉玲、楊千旻、柏克萊教授、張嘉真、陳冠中。

第四個十年

萬國三十五周年，律師與貴賓合影，左起范光群、陳傳岳、呂秀蓮、蘇貞昌、賴浩敏、顧立雄、蘇巧慧。

2011 年萬國法學講座，左起陳傳岳、講者德國前聯邦憲法法院院長 Hans-Jürgen Papier 教授、台大法律學院教授蔡宗珍。

萬國法學講座會後合影。

2013 年，第二屆萬國法學講座，講者為美國密西根大學法學院教授、女性主義法學大師麥金儂（Catharine A. MacKinnon），左四陳昭如、左六許宗力、左七林子儀、左八謝銘洋、中為麥金儂教授、其次陳傳岳、范光群、郭雨嵐、顏于嘉。

2014 World Law Group 亞洲區域會議，萬國律師代表參與盛會。

2014 年萬國法律論壇「都市更新之過去、現在與未來」，主講人為時任內政部都市更新委員會審議委員的林旺根、台大法律系教授林明鏘、德明科大教授花敬群，主持人為資深合夥律師顧立雄。

萬國四十周年慶祝酒會大合影。

第五個十年

萬國四十五周年慶祝酒會合影。

萬國四十五周年慶祝酒會合影。

2023 年萬國法律暨政策研究中心成立大會，所長
郭雨嵐致詞。

萬國四十五周年慶祝酒會合影，左起洪志勳、張子柔、顧立雄、陳一銘、
王龍寬。

2018 年 WLG 慕尼黑年會，左起郭雨嵐、謝祥揚、汪家倩、程春益、林雅芬、陳鵬光。

萬國法律暨政策研究中心揭牌，左起立法委員蘇巧慧、立法委員柯建銘、陳傳岳、郭雨嵐、顧立雄、羅秉成、陳耀祥、葉寧。

2023 數位論壇合照，左起羅秉成、謝祥揚、顧立雄、葉寧。

行政部門決議暫停換發數位身分識別證（eID），義務律師團因此獲得
「2023 年優秀公益律師獎」，其中三位是萬國律師（陳鵬光、吳典倫、
黃新為）。圖為獲獎律師於第七十六屆全國律師節慶祝大會上台受獎。

2023 年 WLG 羅馬年會，汪家倩律師擔任研討會與談人。

2024 年憲法法庭辯論，中為陳鵬光律師。

2024 年憲法法庭辯論，中為陳一銘律師。

2024 年投資日本研討會合影，萬國與會律師左起依序有陳誌泓、洪邦桓、王孟如、高志明、郭雨嵐、陳文智、黃帥升。

關懷台灣 02
萬國之道

封面題字：杜正勝（中研院院士）
正式授權：萬國法律事務所
執　　筆：許菁芳
照片提供：萬國法律事務所

專案主編：吳毓珍
封面・美術編輯：Javick 工作室
美編協力：邱意惠

國家圖書館出版品預行編目（CIP）資料

萬國之道 / 許菁芳採訪執筆 . -- 初版 . -- 新北市 : 遠足文化
事業股份有限公司 , 2024.09
　　面；　公分 . -- (關懷台灣 ; 2)
　ISBN 978-986-508-318-2(精裝). --
　ISBN 978-986-508-319-9(平裝)

1.CST: 萬國法律事務所 2.CST: 法律

　　　　　　580.6　　　　113013679

出版：遠足文化／遠足文化事業股份有限公司
發行：遠足文化事業股份有限公司（讀書共和國出版集團）
地址：231 新北市新店區民權路 108 之 2 號 9 樓
郵撥帳號：19504465 遠足文化事業股份有限公司
電話：(02) 2218-1417　　傳真：(02) 8667-1065
電子信箱：service@bookrep.com.tw
網址：www.bookrep.com.tw

法律顧問：華洋法律事務所 蘇文生律師
印製：沈氏藝術印刷股份有限公司
2024 年 9 月 25 日初版一刷
ISBN：978-986-508-319-9（平裝）　定價：450 元　書號：SU0B0002
　　　　978-986-508-318-2（精裝）　定價：520 元　書號：SU0B1002